人が動きたくなる言葉を使っていますか

博報堂フェロー・スピーチライター
ひきたよしあき

大和書房

はじめに――「人が動く言葉」の本当の話をします。

１９６２年９月12日。テキサス州ヒューストンにあるライス大学で、第35代大統領ジョン・Ｆ・ケネディは、世界にむけてこう演説しました。

「アメリカ人を、１９６０年代のうちに月に送る」

それを聞いた多くの人が「不可能だ！」と言いました。しかし、アメリカはこの言葉で動いたのです。それから７年後の１９６９年７月20日にアポロ11号が月面に着陸。ケネディ大統領の公約は実現しました。

なぜ、ケネディの言葉に人々が動いたのか。それは「１９６０年代のうちに」という言葉があったからだといわれています。**ゴールを明確にすることで、ただの夢**

（Dream）を、構想（Vision）に変えたのです。ケネディはたった一語で、人類の歴史を大きく動かしたのです。すごいですね。

言葉には、人を動かす力があります。

しかし、多くの場合、言葉足らずだったり、語る順番を間違えていたり、相手の考え方や価値観を知らずに話している。**「みんなにこうしてほしい」「あの人にこう動いてほしい」「自分はこう動きたい」という言葉本来の自分や人を動かす力を発揮できていない**ようです。

特に最近は、「分断」「忖度《そんたく》」「炎上」などによって、思いのままに語ることを萎縮《いしゅく》させる風潮が強くなり、ますます言葉の力が発揮しづらくなっています。

私は、広告会社・博報堂でコピーやCMを作る仕事をしてきました。またスピーチライターとして多くの政治家や企業トップのスピーチを書いてきました。明治大学をはじめ、多くの大学で講義したり、小学生に向けて『朝日小学生新聞』にコラムを書き続けています。

政治家が、国と国民を動かすような言葉を考える。小学生を読書や言葉の勉強へと誘《いざな》う。社会人や大学生に向けて「言葉の力」を発揮する方法を、リモート、テレビ、ラジオ、実際の講義を通じて教えてきました。

さまざまな世代や職種、地域やコミュニティに関わってきたからこそ、多くの人の言葉の悩みがわかる。この本は、その悩みに私なりの解決策を示したいと思って書きました。

本文は手紙形式です。広く大勢に向けた文章よりも、たった一人の「あなた」に向けた私信のほうが、深く人の心に入り、多くの人に「私と同じ悩みだ」と思ってもらえると考えたからです。

登場する人物の職業・年齢もバラバラです。コミュニケーションを円滑にするには、自分以外の世代や業種の悩みを知ることが大切だと考えたからです。

みんなの悩みに応えるのは、スピーチライターをやりながら大学で教鞭をとる宗像《むなかた》洋一郎氏。深く考える力と人々を温かく包みこむ優しさをもった男。私の理想とする姿を宗像さんに託しました。彼の言葉によって、多くの人が眠っている話す力、書く力に気づく。その言葉の力で、リアルでもバーチャルでも、人と自分をダイナミックに動かしていく。これが、本書のゴールです。

世界が変革の時代を迎えた今、言葉も大きく変わろうとしています。

コロナ禍によって、あっという間にリモートで仕事をするスタイルが浸透しました。表情、しぐさ、空気感で人に思いを伝えることが難しくなりました。何気なく口から出た軽口や本音が世界に拡散されていきます。

思いもよらない一言が炎上を引き起こす。それを怖がり、婉曲《えんきょく》表現ばかりしていたのでは何も伝わらない。人類史上でこれほど言葉の役割と責任が重くなった時代はありません。

だからこそ、**身体と同じように言葉の力を鍛え、あなた自身に強くなってほしい。**

あなたもケネディのような人を動かす言葉の力を持ってほしい。そんな思いを込めてこの本を書きました。

さぁ、言葉の力で世界を動かしましょう。

人が動きたくなる言葉を使っていますか◎もくじ

LESSON 3 堂々とプレゼンできるようになるスライドのルール

LESSON 6

「おっ、これいいね」と言われる企画書の書き方

LESSON 7
人を惹きつけるパワーのあるコピーの書き方

LESSON 8

褒め言葉をパワーアップさせる3つの秘訣

LESSON 14 自分の殻を破ることができる「断り方」のコツ

LESSON 17 切れかけた自己肯定スイッチを入れる励まし方

prologue

なぜ私が、手紙を書くようになったのか。

初めまして。スピーチライターの宗像洋一郎です。

長く広告会社でコピーライターの仕事をやったのちに、企業トップや政治家のスピーチを書くようになりました。

誰かの代わりにスピーチ原稿を書く。これ、結構難しいのです。

自分の好き勝手に書くわけにはいきません。相手の言いたいこと、信条、語りたいけどうまく言葉になっていない思いを理解する必要があります。

さらには、その人の言葉のクセ、間合い、よく使う言い回しなどを研究しなければなりません。

そのために、仕事の大半はインタビューに費やされます。相手の言い分をひたすら聞いて、整理していく。その過程で多くの人は、本音や弱音を吐きます。悩みや不安を打ち明けてきます。それに対する私なりの答えをつねにもっていなければいけません。

こうした仕事を続けるうちに、私の元に「ちょっと悩みを聞いてください」という人が集まるようになりました。ＳＮＳや動画の普及で、発信する人は増えました。しかしそのぶん、人の話を聞く人が相対的に減ってしまっているのでしょう。

特に、大学で教鞭をとるようになってからは、大学生及び卒業してから5、6年までの若い人たちからの相談が増えました。多くの人が、社会に出てからのコミュニケーションに難しさ、自分の非力さを痛感し、自信をなくしたり、怒りをあらわにしているのです。

私は、自分の力の及ぶ限り、その人の悩みを解決するよう努めました。実際にお会いしたり、リモートで相談に乗ることもありますが、「メール」や「手紙」といったパーソナルなやりとりが大半です。悩みというものは本来、自分で文章を手で書き、整理しているうちに見えてくるものなのでしょう。

相談者の中には、「企画の書き方がわからない」「自分のコピーでは商品が売れない」といった「言葉」「ビジネススキル」の悩みがあります。また「敵をつくりたくないけど、自分の意見を通したい」「上司とソリが合わない。すぐに論破されてしまう」「内弁慶で、言葉にできない」といった「心理」「コミュニケーション」の悩みもあります。

学生から40代まで、年齢も職種もさまざまです。まとまりがないように見えますが、誰もが、自分の「言葉の力」を磨いて、人と社会、そして自分を動かす力を身につけたいという思いをもつことは共通しています。

この本を手にした方には、ぜひ自分の世代や職業と関係ない人の悩みも読んでほしいのです。

そこにあなたとの考え方の違いや価値観の相違があるかもしれません。しかしそれを知ることが、あなたの「人を動かす言葉力」になるはずです。

手紙の合間に、私自身の勉強法やスキルアップのコツもコラム形式で紹介していきます。よかったら参考にしてください。

それではまた、本書の中でお会いしましょう。

東京　神田神保町のオフィスにて

宗像洋一郎

LESSON

1

人が進んで動いてしまう「言葉の魔術師」になる方法

相談者 ——— 黒野詩織（31歳）

黒野さんは、オンラインの教育コンテンツを配信する会社に勤めています。入社当初は小さな会社でしたが、学校授業のオンライン化が一気に進んで今は２００人近くの人が働く会社になりました。

黒野さんの仕事は、オンライン講義の先生の発掘と交渉です。今、部下が2人います。でも、その部下が思うように動いてくれません。

「2人とも、生返事ばかり。言われたことはこなしてくれますが、積極的には動きません。はじめは2人のモチベーションが低いのかなと思っていたのですが、よく考えると講師の先生たちも、私が声をかけると不機嫌で、動き方が消極的です。私の言い方のどこが悪いのでしょう」

黒野さんの願いは、相手が思わず動いてくれる声のかけ方を身につけること。自分ゴトとして積極的に動いてくれるノウハウがあったら教えてほしいと、宗像さんにメールを出しました。

STEP 1

オノマトペをつけて話そう

【人を動かす声のかけ方】

詩織さん、メールありがとうございます。ネット教育、花盛りですね。私も時々講師に招かれますが、集客できないと二度と声がかかりません。厳しい世界ですよね。

さて、さっそく質問に答えましょう。「**人を動かす声のかけ方**」ですね。確かに、人は声かけひとつで、さっと動いたり、カチンときて動かなくなったりしますからね。

やる気をかきたてるワードを入れる

まずは私の子どもの頃の経験からお話しします。

小学生のときでした。掃除の時間に、私は窓ガラスを磨いてました。まったくやる気がなくてガラスを雑巾でなぜているだけでした。

すると先生が、私に向かってこう言いました。

「宗像くん！　キュッキュ！　って音がここまで聞こえるように磨いてみて！」

新任の美しい先生が、耳に手をあててガラスの音を聞こうとしています。私は俄《が》然《ぜん》やる気を出して、力を込めてガラスを拭きました。すると先生が大きくうなずき、

「聞こえる！　聞こえる！」と言ってにっこり笑ったのでした。

私が生まれて初めて、人の言葉で行動を起こした経験です。魔法にかかったようにやる気が出ました。一体なぜでしょう。

考えられるのは、**「キュッキュ」**というオノマトペ（擬声語・擬態語）です。**この中に、「力を込めて磨く」「一生懸命磨く」という内容が入っている。**しかも力の入れ加減までわかるから、頭で考えなくてもすぐに行動に移せました。

小学校の先生には「オノマトペの魔術師」がたくさんいます。

「**カツカツと**鉛筆の音がしてくると、勉強がノってきた証拠だよ」

「自分がクラス一ののっぽだと思って、**シュッと**立ってごらん」

オノマトペを言葉に入れると、とたんにどう動けばいいか見えてきます。

マンガはオノマトペの宝庫

たとえば、詩織さんのチームが、今週の金曜日までにオンラインに出演してくれる講師を探すことになったとします。どんな先生が望ましいか。オノマトペを入れて示してみましょう。

・部屋の照明がいらないくらい**パッと**明るくなる人を選ぼう。
・顔全体から**バッと**声が出るような元気な先生がいいです。
・**凛（リン！）と**音がするような涼やかで知的な先生がいい。

ただ「集客できる有能な先生」というのとでは、みんなの理解度が違うはずです。

言葉は理性だけでなく感性や身体に響くものを使うべきです。

オノマトペを学ぶには、マンガが最適です。マンガのオノマトペを日常会話中に入れていきましょう。

「金曜日まで、時間がないけど、**ゴォッと**やっちゃいましょう」
「いい先生みつけたら、**ぎゅっと**音がするくらいつかんで放さないでね」
「**ピシャッて**くる先生いたら、すぐに教えて」

日本語はオノマトペの豊富な国です。頭痛を「ガンガン」「キンキン」という言葉で表し、痛さの違いを巧妙に伝えてきたのです。

オノマトペを使うと子どもっぽく聞こえるなんていうのは昔の話。多くの人がマンガを読む今は積極的に使うべきです。

STEP 2

「天国」と「地獄」を想像させよう

【その気にさせる話の作り方】

詩織さん、「オノマトペを使いはじめたら、人が変わったようだと言われました」というメール、わかります。知的な雰囲気のある詩織さんが、ちょっぴりマンガチックになった。周囲もびっくりしていることでしょう。でも、いいじゃないですか。人を動かすには、まず自分が変わらないといけませんからね。

さて、今日の相談は「**人を動かす話の作り方**」ですね。承知しました。

イメージすることで感情が揺さぶられる

これ、案外カンタンなんです。「動いた場合の天国を想像させる」「動かなかった場合の地獄を想像させる」ということなんです。まず、「天国」から見ていきましょう。

私は長く広告業界に身を置いています。考えてみると「広告」は「天国を想像させる」ストーリーを作る仕事なんだよね。**「これを買ったら、どんな便利な生活が待っているか」「これを学べば、どこまで可能性が広がるか」「この会社を信用すれば、どんな未来が待っているか」**。広告は、生活者に明るい未来をイメージしてもらう仕事です。

「こんなふうになったらいいな」をイメージさせて、行動を促す。これは古くから日本人がやってきたことです。

神道に「予祝」という考え方がある。「前もってお祝いすること」。たとえば、競合プレゼンに勝とうと思ったら、前もって「ぶっちぎりで大勝利を収めた」ことにしてお祝いしてしまう。先に成功体験を味わってしまいます。

こうすると、何がなんでもその成功をリアルに味わいたいという気持ちが湧いてきて行動に移せるわけですね。**未来を予測するどころか、勝ったことを前提にお祝いしてしまう。**これが日本人の仕事の知恵でした。

私は、こうしたポジティブな考え方が好きです。何かをやるときは必ず成功したときのイメージをリアルに描きます。

しかし、世の中には「明るい未来」に懐疑的な人が多いのも確かです。**むしろ行動しなかった場合、どんな地獄絵図が待っているかを想像したほうが動きやすい**という人もいます。

私が、東日本大震災のときに、いっしょに仕事をした行政官は、レポート用紙いっぱいに「最悪のシナリオ」を書いていました。「楽観的なシナリオなどいらない。できうる限り最悪の事態を想定して、それをどう回避するのかを考え、行動するのがお役所の仕事だ」と言っていました。

事実、彼の考えた最悪のシナリオのおかげで、リアルな最悪の事態を回避したのです。「もしこんなことになったら最悪だ」と考え、それを回避するために行動する。これも人を動かす力です。

2つの選択肢を紙に書き出す

人の性格によって「天国」と「地獄」のどちらのシナリオで動くのかは違います。間違えると逆効果になります。

人を動かす立場にある詩織さんは、まず両方のシナリオを作るべきでしょう。作れば人だけでなく、自分の行動も容易になります。天国と地獄を考えることで仕事全体が見えるようになるからです。

書くときは、必ず紙に書き出すこと。頭で想像しているだけではいけません。できれば、**天国は、詩織さんの好きな色を使い、地獄は暗い印象が残る色で書きます。**ちなみに私は、天国を薄い水色で書き、地獄を濃いめの灰色で書いています。

一度に書き出すのではなく、折を見て加筆していくといいでしょう。時間が経つにつれ、「地獄」と「天国」も変化していきます。それを知るためにも、こまめに書き出すことをお勧めします。

多くの宗教が、天国と地獄にあたるものを用意しています。この2つが、人間に正しい行いをさせる最善の策だと信じ、実際に効果をあげてきているのだと思います。

「**これを達成すれば、こんな天国が待っている**」「**ここでやらなければ、こんな地獄に落ちてあとあと苦しむことになる**」。この2つを明確にもって、相手の性格を見ながら使い分けていく。ぜひやってみてください。

STEP 3

「でも」と「さぁ」で引き込もう

【すぐやる人になる一言】

詩織さん、「天国」と「地獄」の感想をありがとう。

「『天国』よりも『地獄』のほうがたくさん浮かんだ」。そうなんだ。人間は苦しい地獄にはいくらでも想像力が働くけれど、天国って実は、退屈で思いつかないものですよね。芥川龍之介なんて、地獄ばかりを書いていましたからね。

さて、今日は「**やらない理由を並べる人にどうやって行動を促すか**」という質問ですね。こういう人、いますよね。やらない理由を天才的に並べる人。それだけ熱く語る暇と知恵があるなら、さっさとやればいいのに、と思ってしまいます。

こういう人に対しては、**「やるべき理由」で対抗してはいけません。**言ったとたんに、それが「できない理由」を並べてくるはずですから。そういう性分なんですよ。

自分に火の粉がふりかからないように、すべてのことから回避して生きている人って、実に多いのです。

魔法の言葉①「でも……やる」

　では、どうやってこの人を黙らせ、行動に向けていくか。

　多くの言葉はいりません。相手の「やらない説明」が済んだところで、

「でも……」

と言って**しばらく待ちます。**相手は、「でも、」のあとに、自分の「やらない理由」を否定する論がくると身構えている。そんな人と戦わないための沈黙です。

「でも……」と言ってから、しばらくすると相手は「なんだ？　なんと言って私に反論してくるんだ？」と軽いパニック状態に陥る。そこで、一言、

「やる」

とだけ、**意思を込めて言う。**「逆接」の「でも」のあとに「やる」という強調語がつくと、その前に話し合っていたことを全部否定することになります。

「やる」という強い意志の言葉の前には、いくら「やらない理由」を述べたところで、言い訳にしか聞こえなくなるのです。

魔法の言葉②「さぁ、やろう」

もうひとつ、あります。「さぁ」という感動詞です。

「さぁ、やりましょう」と動作、行動に移ることを促す言葉は、案内係の人に「こちらに進みましょう」と指示されるような言葉です。

「さぁ、はじめましょう」「さぁ、このへんで終わりにしましょう」と**新しい局面に移行する。**

「さぁ、思いっきりやりましょう」「さぁ、早く終わらせよう」と**意思を示す言葉を強める。**

小さな言葉ですが、状況の場面転換がうまくなります。長っ尻《ちり》で、四の五の説明したがるタイプには非常に効果的な言葉なのです。

このときに効果的なジェスチャーもあります。

手を一瞬だけこすり合わせる。

長くしてはいけません。ほんの一瞬で結構。笑顔でこのジェスチャーをすると、相手のモチベーションを落とすことなく場面転換ができるようになります。

アメリカ大統領選挙やTEDをよく見ていると、手を一瞬こすって「さぁ、次の話題です」と話を動かすシーンを見かけます。巧みに人を誘導しているのですね。

コミュニケーションは、長く話せばいいというものではありません。相手がこちらを駆逐してやろう、議論に持ち込んでやろうとする場合には、それに乗らないという接し方もあるのです。

大切なことは議論ではありません。相手を確実に動かすということです。

「ダメだ、話にならない」と相手に思われたとしても、その後、相手が思うように行動してくれたなら、そのコミュニケーションは成功です。

相手も行動することで考えを変え、詩織さんを見直すかもしれません。会話の中に「でも、やる」「さぁ、やろう」を巧みに仕込んでください。

LESSON

2

ダラダラ話がスッキリなくなる話し方スキル

相談者 ―――― 辻村ゆうき（26歳）

辻村さんは、人から「話が長い」と言われます。ラジオ局でディレクターをやっているくらいですから、もともとおしゃべり好き。でもただの「おしゃべり」と仕事上での「トーク」のあいだには、辻村さんが思っている以上に乖離《かいり》がある。「ぴゃーぴゃーうるさいだけ」と言われて、ついたあだ名が「ぴゃー」。

「自分でもわかっているのですが、相手がわかっているか不安になって、くどく説明してしまうんです」

くどいうえに、話の脱線も多いよう。頭では「あぁ、脱線しているなぁ」とわかっているのに、口から出る言葉はさらに脱線していく。

なんとか要点を整理し、人にわかりやすく話せるようになりたい。しかし、ペラペラといくらでもしゃべれるのは天性のものと考えているので、実際に変えられるかどうかは疑わしい。直すのが怖いという一面もあるといいます。

ぜひ、宗像さんに、「ぴゃー」から脱出するスッキリしたしゃべり方を教わりたいという思いからメッセージを送りました。

STEP 1

冒頭に30秒のCMを入れよう

【わかりやすいと言われる方法】

ゆうきさん、メッセージをありがとう。しゃべるのが苦手な人が多い中、「しゃべりすぎて困っている」というのは贅沢な悩みです。

でも、ゆうきさんの悩みはよくわかる。私も多弁が悩みなんだ。上司に「話が長い、テンポが速い、内容を詰め込みすぎだ」とよく怒られたもんです。だから私の経験を踏まえて、**「しゃべりすぎでも相手に理解される方法」**を教えます。

番宣があるほうが、よく伝わる

ゆうきさんは、テレビの「番組宣伝（番宣）ＣＭ」を知ってるよね。番組の面白さを伝えるための30秒ＣＭです。ユーチューブでも、冒頭に動画のエッセンスを編集して番宣的につける人がたくさんいるよね。
私がゆうきさんに伝えたいのは、これ。**自分の話のはじめに30秒の「番宣CM」**をつけてほしいのです。

30秒はね。**文字数にすれば、100字くらいです。**例をあげてみますね。

「実は、彼と別れようか悩んでいるの。3年つきあって、波長があわなくなってきたみたい。友見は、彼のこと知ってるでしょ。彼と私ってあなたからどう見えてるか。別れたほうがいいかどうか。教えてほしいの」

友人の友見さんに何をお願いしたいのか、よくわかります。「別れ話の相談」だとはじめに言ってしまうわけです。もうひとつ例をあげます。

「今日お願いしたいのは、申し訳ない！　原稿の書き直しです。上司とも相談した結果ですが、『過去のエピソード』が長すぎるという結論になりました。前田さんに修正は可能か、直すならどう直すか、ご相談させてください」

これも約100字。「原稿の修正依頼」がこれからはじまる。その番宣を先に言ってしまう。修正してもらうに至った背景から、直してもらいたい箇所までよくわかりますね。

「大事なことを最初に語る」だけでは不親切

よく「話し方のコツ」を指南する本に、「大事なことは最初に語れ」と書いてありますよね。でも、これはプレゼンや動画のように、壇上から一方的に話をするときには向いているけれど、日々の打ち合わせやおしゃべりには向いてない側面もある。そんなにズバリと、言いたいことが決まってないことが多いからね。

だから「**なんとなくこういう方向についてしゃべります**」**ということを30秒程度にまとめるクセをつける**ことを意識するあたりからはじめてほしいのです。

ゆうきさんの場合、おしゃべりが苦手じゃない。それに相手にも、もっとよくわかってもらおうと言葉を重ねる優しさがある。しかし、その優しさが仇《あだ》になることがある。言葉が増えすぎちゃって、結局何が言いたいのかわからなくなってしまうんだ。だから冒頭で、言いたいことを30秒程度にまとめて話す。欲を言えば、**話の途中でも「これからこういうことを話し合いたい」「私はこれからこういう話をしていく」という番宣を挟む**と、伝わりやすくなるよ。

最初に書いたとおり、しゃべるのが好きなこと、うまいことは、長所です。あとは大量の会話の途中に、「この方向について語っていきます」という番組宣伝を入れることです。

試してごらん。感情のままにしゃべってしまうクセが、少しずつよくなるはずです。

STEP 2

話は、双方向で進めよう

【「話が長い」の改善方法】

ゆうきさん、メッセージありがとう。「冒頭にＣＭを意識してしゃべりました。時間を計ったら30秒のつもりが、3分を超えていました」という一文。これ、よくある話なんだ。

「1分以内で自己紹介してください」と言ってるのに、4分近くしゃべる人がいる。あとで「何分しゃべったと思います?」と尋ねると、「2分くらいしゃべっちゃったか」と頭を掻《か》いている。「4分だ」と告げると大抵の人は驚く。人は自分の都合のいいように、自分の行動を見てしまいがちだからね。

さて、今回は「**話が道草しだしたら、どうやって止めるか**」という悩みですね。答えましょう。

相手を迷子にさせない3ステップ

話しているうちに、「この説明ではわからないんじゃないか」「これも伝えたほうがわかりやすいんじゃないか」と考えて、話が戻ったり、横道にそれていく。**自分では「よかれ」と思っていることが、余計混乱する結果を招いている。**親切な人、おせっかいな人、説明に自信がない人にありがちです。

克服する方法は、難しくありません。

①「客いじりをする」

「客いじり」とは、発言者だけで完結することなく、お客さんに対して何らかのアプローチを行うことで芸を成立させる手法です。**話がとっちらかる人は、自分ひとりで考えているから混乱するのです。**

「みなさん、どう思われますか」「あなたにも似たような経験がありませんか」と一度、聞き手にマイクを向けてみる。聞き手は、ここまでただ聞いていればよかったのに、自分も発言しなければいけなくなるので緊張します。

あなたの話がわかっていなければ、とんちんかんな回答が戻ってくることもあります。それを聞くことで、自分の話に何が足りてないのか、どこで混乱しているのかがわかります。

②「**話を理解できているかは、相手に尋ねよ**」

自分で「ここがわからなかったかも」と考えても、相手の理解度なんてわかりません。軽くクリアしているかもしれないし、もっと根本からわかってないかもしれない。それを邪推しても意味はない。わかっているか、わかっていないかを知っているのは相手ですから。

話の中で頻繁に「**ここまでいいですか**」**とか、**「**ここまでのところで何かわからないことはありますか**」と相手に聞くようにしましょう。できる限り頻繁に、相手に尋ねてください。

③「大丈夫です」と言われたら話を進める。

「ここがわからない」と言われたら、それについて答える。

自分で邪推して言葉を足す必要はありません。相手にわからない箇所を聞き、それに答える。これに徹すれば、無駄に言葉を足さなくてすみます。

ネクタイの結び方を伝えられるか

言葉は自分が語るためのものではなく、相手に伝えるためのものです。

大切なのは自分の伝え方ではなく、相手への伝わり方。それを相手に確かめながら、双方向の関係の中で話を進めていくことです。

私は、広告会社に入った頃に先輩から「ネクタイの結び方を、私に文章で説明してくれ」と言われました。

「大剣を長めにとって、大剣側が小剣の上にくるように重ねます」なんて書いても、ちっとも伝わらない。「まず、首にネクタイを回します。イカの頭のような方が右手側にくるようにしてください」といろいろ書きましたが、うまくできませんでした。

しかし、先輩はこう言いました。

「目的は、相手に伝わること。だから一人でうんうん悩むよりも、相手にどこがわからないかを尋ねながら書いていく。それがよい文章を書く近道だ」

今でも時々、この言葉を思い出します。

話すことも書くことも、最後は人に伝えるためのもの。ここをしっかりと認識すれば、ゆうきさんの話はもっと伝わります。相手の声に答えながら、相手に伝わるように話を進める。これをぜひ試してみてください。

STEP 3

話を「本」のように組み立てよう

【超簡単な話の組み立て方】

ゆうきさん、メッセージありがとう。「話を理解できているかは、相手に尋ねよ」、実践したようですね。「自分が思いもしなかったところが理解されてなかった」「自分が心配するよりみんなわかってくれていた」という感想、とてもいいですね。そうやって**自分の話し方を検証していくことが、話し上手になる秘訣**です。

さて、今回は「**どうやって話を組み立てればいいか**」という質問ですね。これまで、おしゃべり好きに任せて思いつくまま、気持ちのおもむくままに話していたゆうきさんが「話の組み立て」を考えるまでになったこと、うれしいです。

話の途中に、タイトル、目次をはさむ

「話の組み立て」と言っても、ロジックで固めきったものを考える必要はありません。それは、ゆうきさんのようなおしゃべり好きの個性を殺しかねません。

考えるべきは、今の語り方を微調整してもっとわかりやすくする方法です。

そこで、今日、私が伝えたい人を動かす方法は、「本」のように、タイトル、目次を話の途中にはさんでいくというやり方です。

たくさんの本を速く正確に読むコツとして、「目次のページをしっかり読む」というものがあります。

目次を開き、大体どういう構成で話が進んでいくのか。自分が一番興味があるのは何章か。最後にはどういう結論にもっていく予定なのか、と考える。こうして目次を頭に入れてから本を読むと、「あぁ、思ったとおりだ」「予想と全然違った」なんて考えながら読めるようになる。

相手にわかりやすい話をするには、**話の途中に「ここから先は、わかりやすい話し方のコツについてお話しします」という「目次」を入れる。**

たったこれだけのことで、聞き手は、これから何を聞けばいいのかがはっきりわかって、聞きやすくなるのです。

目次は、質問形で入れる

目次の入れ方にもコツがあります。それは「質問形で入れること」。

「ここから先は、わかりやすい話し方のコツについてお話しします」

よりも、

「どうすればわかりやすい話し方ができるのか。何かいいコツはあるのだろうか。これについてお話ししていきます」

と質問形にしたほうが、相手にはわかりやすい。

なぜなら、**質問形は、相手の側に立った言葉だから。**聞き手が「どうすればわかりやすい話し方ができるんだろう。そこを知りたいなぁ」と思っているのをそのまま言葉にしているからです。

話し上手の人は、「質問形」「疑問形」を話の中にたくさん入れて、相手を巻き込んで話しています。「ＹｏｕＴｕｂｅ大学」の中田敦彦さんのスピーチは、実に巧みに質問形をまぜて、オーディエンスの気持ちを巻き込んでいます。そういう気持ちで相手の言葉を聞いてみてください。

タイトルは、最後につける

もうひとつ大切なのは、「タイトル」をつけることです。

タイトルは、話の頭につけるのではありません。最後につけます。そのほうが印象に残ります。

先日、29歳を迎える教え子の相談にのっていました。彼女は転職したばかりで、その不安や自身の恋の顛末《てんまつ》など話は膨らんでいったのですが、彼女は最後にこう言いました。

「アラサーの焦りと恋バナを聞いてくれて、ありがとうございます」

これが「タイトル」です。

何を話したかを短い言葉でまとめると、「あぁ、そうか、今日は、焦りと恋バナを話したんだ」と納得するものです。記憶にも残ります。

多弁すぎて何の話をしたのかわからないと言われるゆうきさんには有効な方法です。試してみてください。

LESSON

3

堂々とプレゼンできるようになるスライドのルール

相談者 ―――― 大山悠（32歳）

大山さんは、文房具メーカーで開発の仕事をしています。子どもの頃から文房具が大好き。自分がデザインしたノートやペンを世に出すのが夢でした。

この春から念願叶い商品開発部へ。毎日コンセプトを考え、デザインを描き、プレゼン用の資料をまとめる。問題はここからです。プレゼンが下手くそ。特に大勢の前でパワーポイントなどのスライドを用いたプレゼンは壊滅的な下手さです。

スライドを説明して、みんなに向かって話して、またスライドを見て、とやっているうちに話がゴチャゴチャになってくる。切り替えがうまくできません。

最近は、オンラインでプレゼンする機会も増えてきた。相手の顔が見えないから、ただスライドを棒読みするだけになる。上司から「読めば足りるようなプレゼンに時間をとらせるな！」と言われたのがショックで、ますますしどろもどろです。

「存在感のあるプレゼンがしたい！」。そんな思いを宗像さんにぶつけてみました。

STEP 1

スライドを作って、スライドを捨てよう

【スライドプレゼンの語り方】

大山さん、念願の商品開発の仕事に就けてよかったね。大山さんがデザインしたノートをぜひ使ってみたいです。

しかし、その前に「**スライドプレゼンの語り方**」ですね。スライドとスピーチがごっちゃになって、わけがわからなくなってしまう。プレゼンのノウハウ本を読むと、「プレゼンのスライドの言葉は少なく！」と書いてある。でも、詳しく説明しようとするからつい言葉の数もスライドも増えてしまう。難しいよね。

スライドが映し出されなかったと仮定する

これは私の経験です。ある講演会で、登壇する直前にパソコンに不具合が生じまし

た。スライドが映し出せなくなったのです。

お客さんは３００人近く入っている。待ってもらうわけにもいかない。私は、スライドを使わず講演することにしました。

スライドがないと話の流れがわからない。不安を抱きながら話しはじめると、不思議なほどなめらかにしゃべれるのです。

スライドに頼りきったプレゼンは、「次に何を話すか」をスライド任せにしています。しかしそれがないと、しゃべりながら、頭で次に話すことを想定しなければいけません。この緊張感がよかった。お客さんも大満足。私も手応えがありました。

大山さん、ここでアドバイスです。**スライドを作ったのちに、そのスライドが映し出されなかったと仮定してプレゼンする練習をする。**

スライドがなければ、細かいグラフを見せることはできません。一番大事な数字だけをみずからしゃべることになります。

スライドがないから写真説明もできません。その写真のイメージが聞いている人の頭に浮かぶよう、細やかに言葉で描写する必要に迫られます。

スライドが映らないと仮定するだけで、要点がわかりやすくなり、ディテールを細やかに説明するようになります。

スライドを作って、スライドを捨てる。スライドなしでもプレゼンできるように、事前練習を重ねてください。できるようになれば、プレゼンの最中にスライドを棒読みすることがなくなるはずです。

そうそう、プレゼンのリハーサルは必ずやるように。最低3回はやりましょう。

話す→スライド→スライドを消す

数年前、アップル社のCEOだったスティーブ・ジョブズのプレゼンスタイルが一斉に研究されました。短いフレーズと印象的な画像。それを背景に動きながらプレゼンするスタイルです。

印象的なのは、スライドの使い方です。説明がはじまると消してしまいます。**スクリーンは真っ黒になって、ジョブズの姿だけが浮かびあがります。**

私は、この手法をオンライン・プレゼンでよく利用しています。話が一区切りついたところで、共有画面からスライドを消します。スライド資料ではなく、私の顔が映るようにします。

のべつスライドが出ているのと、肝心なところで顔出しするのでは、伝わり方がまったく違います。

プレゼンの中心はあくまで「自分」。途中、何度か顔出しすることによって、より主体的なプレゼンに見えるはずです。

大山さんが悩んでいた、語りとスライドの上手な使い方は、スライドがなくてもしゃべれるまで練習すること。プレゼンの気迫が、まったく違ったものになるはずです。ぜひ、試してください。

STEP 2 不要な言葉を刈りとってみよう

【効果絶大のスライドの作り方】

大山さん、「スライドを作ったあとに、スライドを使わずにプレゼンの練習をする」方法、さっそくやってくれているみたいですね。何度かやっていると、「スライドに書いた言葉よりこっちのほうがわかりやすいな」と修正ポイントが浮かんでくるはずです。自分がしゃべりやすいように手直ししていきましょう。

さて今回は、「**効果的なスライドの見せ方、作り方**」ですね。

プレゼンの質はスイッチングで決まる

１９９０年代、スライドプレゼン黎明《れいめい》期は、会議で配布する手元資料をスクリーンに映し出すだけで、プレゼンターはただ手元資料の解説者にすぎませんでした。その後、動画を多用した装飾過多のスライド時代が続き、今は1スライドに1ビジュアル、1メッセージに収める形が多くなってきました。

しかし、**スライドがシンプルになると、それを補うだけのスピーチ力が問われます。**中でも大事なのは、次のスライドへと移るタイミング。「プレゼンの質はスイッチングで決まる」と言っても過言ではありません。

プレゼンターは、つねに「この先はどうなるんだろう」と期待をもたせるようなしゃべり方をしなければなりません。

その答えが、次のスライドにある。

その思いを伝えるために移行するとき、心の中で「お待たせしました」と1回唱える。それくらいの間《ま》をつくってスライドを進めます。

次のフレーズ、次のビジュアルを少しもったいぶって見せる。こうすると、間ができるぶん、大山さんの語りもゆっくりになります。

盆栽を整えるように言葉を刈る

スライドに書く言葉は、できるだけ短いほどよい。よく言われることですが、なかなかコツがつかめないものです。

意識してほしいのは、**一度書いた文章を眺めて、「なくても通じる言葉を刈りとろう」という気持ちをもつこと。**盆栽を眺めて、余分な葉や枝を切る要領です。

たとえば、

「本施設において導入すべき省エネ・再エネの考え方について」

まず、最後の「について」はなくても通用するので切る。

「本施設」の話をしているのだから、なくても通じるはず。これも切る。

「導入すべき省エネ・再エネの考え方」

となったところからまた考える。訴えたいのは「省エネ・再エネ」という言葉です。これを先頭にもってきたい。

「省エネ・再エネの導入案」

と「考え方」を「案」にしたほうが、具体的なアイデアや施策がある印象を与えることができる。**足りないところは、口で補えばいいのです。**

スライドの言葉は、盆栽の葉や枝を細部まで切り込むようにかたちを整える。意識していればすぐに要領がつかめますよ。

プレゼンは、プレゼンターが主人公。スライドは進行と相手の理解を促進する程度と考える。不要な言葉をどんどん刈り込んでいきましょう。

洗練されたキーフレーズが並んだスライドをタイミングよくスイッチングしながらプレゼンしていく。大山さんのめざすプレゼンスタイルはこれです。

STEP 3

相手の感情をのせる見せ方に変えよう

【差がつく配布資料のコツ】

大山さん、「言葉を盆栽のように刈り込む」。さっそくやってくれたようですね。随分とプレゼンがスッキリしてきたのではないでしょうか。

さて、今回は、**「プレゼン用の配布資料で差をつけるコツ」**について話をします。

プレゼンの3種の神器

さまざまなプレゼンテーションを見てきて、「至れり尽せりだなぁ」と感心したことがあります。大競合コンペの審査員をしたとき、ある会社が提案してきたものです。

資料は3つ用意されていました。

①プレゼン用スライド（配布はしない）

②プレゼン内容のアジェンダ・進行項目（プレゼンの前に配布する）

③詳細資料（プレゼンの後に配布する）

審査員の手元には、②のアジェンダがあります。プレゼン各章のタイトルとキーワードが書いてある。ご丁寧なことにメモ用のスペースもとってありました。

このアジェンダを見ながらプレゼンを聞くと、今、全体の中のどのあたりを語っているのか一目瞭然です。気になる言葉は、自分でメモするのでよく記憶に残ります。

最後は、通常のパワポプレゼンで使われるようなコンセプトやデータなどの詳細な資料が配布されました。

プレゼン後、社内の組織を説得するためにもこれは必要。**プレゼンはプレゼンターの力が重要ですが、終わったあとに社内を回るのは、詳細な企画書です。**

しかもこの企画書を開くと、誰もがプレゼンターと同様に語れるように、まるで一人語りの手紙のような形式で、プレゼンの流れと熱い思いが書かれていました。「私たちはこの商品を手にして、3つの可能性に気づきました」と得意先の感情移入を誘い、同じ仲間と思わせる仕組みに感動しました。

スライドを作るだけで満足してはいけません。**プレゼン後に企画者である大山さんの元を離れて、あらゆる指摘、批判に耐えうる詳細な資料も作ること。**大きな商いになるプレゼンは、そこまで周到な用意をするものなのです。

白い紙に心を遊ばせる

こうした大プレゼンも日々会議で使うスライドも、いきなりパソコンに向かって作りはじめるのは得策ではありません。人間はあちこちに思考を飛ばしながら考えるものだからです。

私は企画でも原稿でも、必ず白い紙に手書きでアイデアを書いてからパソコンに打ち込むようにしています。

今、自分が考えているプレゼンの流れを白い紙にアトランダムに書いていく。

新しく思いついたことを書く。人から言われそうなことを書く。キーワードを書き出す。プレゼンのピークをどのあたりにするかを書く。気になること、疑問、とにかくなんでも書きます。

私が制作局にいた頃は、いつも大量の原稿用紙と2B、3Bの鉛筆が常備されていました。私は原稿用紙の裏の白い部分を利用して企画の骨子をあれこれ書いていきました。この習慣は今でも続いています。

会社が教えてくれた、最大の企画法は、「白い紙に心を遊ばせる」ことではないかと思っています。これは大山さんにもぜひ勧めたい企画とプレゼンのテクニックです。白い紙に向かう時間は、長くて30分。15分でもいいですよ。

COLUMN

宗像洋一郎のスピーチライティング術

スピーチライターの仕事は、依頼主の「スピーチ原稿」を書くことです。多くの場合は、原稿だけでなく、相手に深く、強く、伝わる語り方やアクションなども教えます。なぜならスピーチライターの仕事のゴールが、聞いてくれた人の心を揺さぶることだからです。

バラク・オバマ元大統領の名スピーチを、ジョン・ファヴローという若いスピーチライターが書いていることが世界的に話題となり、この仕事に脚光が当たるようになりました。この仕事の特徴は、ライターの創作であることを一切感じさせてはいけないこと。原稿は、あくまで依頼主の言葉であり、よく使う言葉、口グセ、間《ま》のとり方まで、依頼主自身が書き、語ったものになっていなければ、どれほどの名句がちりばめられていても失敗作です。本人になりきること。そのためにジョン・ファヴローはオバマ氏のふるまいを研究し、自叙伝をつねに持ち歩いたといいます。

スピーチライターは、言葉のバッティングコーチ

「スピーチくらい、人に任せず自分で書けばいいのに」と思う人もいるでしょう。しかし、社会的ポジションがあがり、その一言にかかる責任が重くなるにつれ、「自分が思うとおり」に語ればいいと思うようなものではなくなります。自分が日頃考えていること、使っている言葉が、自分の本心と違う場合もあります。的確な言葉を見つけられていないこともあります。その言葉に世間がどう反応するか。その影響力を過小評価しているケースもあります。

脚本家の山田太一さんは、人の言葉は、頭の中にすでにあり、すぐ口に出せる「言葉」と、もう半分、まだモヤモヤしているだけで形のない「心のことば」があると言いました。スピーチライターは、言葉のバッティングコーチを買ってでて「心のことば」が口をついて出るためのお手伝いをします。

依頼主が、私の「質問」のボールを打ち返しているうちに、考え方や語り方のクセを探します。そして相手の言葉が自分に憑依《ひょうい》するのを待つのです。こうした仕事は、

同時にたくさんは受けられません。また、時間もかかります。自分の表現を表に出したい人に不向きな仕事でもあります。はじめた当初は私もかなり苦労しました。

その人になりたい！

なかなか依頼主の言葉が降りてこない私を救ってくれたのは、モノマネの清水ミチコさんでした。「モノマネをしたい、ではなく、その人になりたいっていう気持ちから入る」。この「その人になりたい」という気持ちが、スピーチライターには必要だったのです。

いくらその人の話の間やクセを知ったところで、それはただの分析に過ぎません。「その人になりたい」と思って、書きながら、その人のマネをする。できた原稿を読みながら、その人になりきる。私の家のクローゼットの扉が鏡になっています。そこに立って、語っていると、「この長さだと息がキレるな」「この単語は滑舌《かつぜつ》よくしゃべれないな」といろいろ見えてくる。こんなことを繰り返すうちに、依頼主が憑依するようになってきます。

ここまでくると自分の文体が消える。相手の声と考えで書けるようになるのです。

スピーチライターは文章上達の特効薬

スピーチライターになってから10年。私の文体が大きく変化しました。「読んでいるのに声が聞こえる」「人と話しているみたいな文章」と言われるようになったのは、この仕事をはじめてからです。小学生に向けた文章から政治家や企業トップ、行政官に向けた文章、さまざまな結婚式のスピーチまで書けるようになったのは、いろいろな人が私に憑依し、言葉のクセや語りの間を身体に残していってくれたからでしょう。

個性的な文章とは、自分を表面的にとらえているものとは大きく異なり、読書や人の話を聞くことによって、自分の中に沈殿した言葉が、さまざまにミックスされて出てきたものです。大物政治家、地方の公立小学校の校長、好きで見ているユーチューバー、大学の教え子たちの物言いが、私の中で混ぜ合わされていく。「その人になりたい！」と思う気持ちの数ほど、文章に厚みと深みが出てくるものです。

あなたも、人の声をよく聞いて、その人の口グセやよく使う単語に注目してください。毎日聞いている人の言葉の中に思わぬ発見があるものです。

自分の知らない人の言葉に気づくこと。これが文章上達の近道です。

LESSON

4

マニュアルどおりの交渉から抜け出すテクニック

相談者 ―――― 三村櫻子（26歳）

三村さんは、生命保険のセールスレディ。地方の中核都市の会社にお邪魔して保険商品を売っています。ネットや電話での販売が増える中、三村さんの住む小さな町ではまだまだお客様との対面販売が多い。そこでは交渉テクニックが求められます。

三村さんは、交渉が大の苦手。ちゃんとお客様に合わせたメニューも作成しているのに、説明すると「わかりにくい」「要点だけ言ってくれ」と嫌な顔をされる。決められたメニューがあるので、それに沿って話をすると、「マニュアルどおりにしゃべられてもなぁ」とイヤミを言われる。

お会いしたとき、何てお声がけすればいいのか。雑談はどうするか。終わるときに次につながるいい方法はないか。ネットでいろいろ調べるのですが、有効な手立てがありません。

「交渉上手になりたい！」、宗像さんにそんな思いを綴《つづ》りました。

STEP 1

交渉は、「確認話法」でいこう

【話が退屈な人、うまく弾む人】

櫻子さん、そちらは雪がチラついたとか。暖冬とはいえ、北国は寒そうですね。自転車の運転、気をつけてね。雪で足を滑らせないように。

さて、さっそく質問に答えます。「**相手の理解を深めながら交渉する技術**」を教えてほしいとのこと。承知しました。私の失敗談から聞いてください。

「ここまでで、質問のある人は」

10年以上前に、私は大学で講義をはじめました。企業人でありながら大学で教える。二足の草鞋《わらじ》を履くのは大変でしたが、私には自信がありました。会社でたくさんのプレゼンテーションを経験しているのです。大学の講義くらいなんとかなるだろうとタカをくっていました。

ところが思った以上に反応が悪かった。少しがっかりしていると、私を大学に呼んでくれた教授が講義の講評をしてくれたのです。

「宗像さん、企業のプレゼンテーションとしては素晴らしかったのではないでしょうか。でも、大学の講義とは明らかに違います。講義は、学生たちの理解度をはかりながら組み立てていくもの。自分の言いたいことだけをまくし立てるのではなく、もっと細かく、『ここまで理解できましたか。質問のある人はいますか』と確認をとって進めたほうがいいですよ」

私は愕然《がくぜん》としました。そんな簡単なことがわかっていなかったのです。そしてこのポイントこそが、櫻子さんへのアドバイスです。**相手の理解度をこまめに確認しながら話を進める。**これです。

櫻子さんの手紙では、会社から与えられたメニューがあるとのこと。もしかすると、**相手の理解の度合いを無視して、決められたとおりにメニューの説明をしていませんか。**その説明がどれほどうまくても、それでは交渉上手とは言えません。

問いかけで、相手の気の乗り方が変わる

わかりやすい例を示しましょう。小学校の校長先生が、運動会で挨拶するとします。保護者に対しては、

「皆さまにおかれましては、日頃より本校の活動に対し大変ご協力いただき、誠にありがとうございます。幸いこのような素晴らしい天候にも恵まれまして、本日、無事、運動会を迎えることができました」

と一方的に語りかけていきます。でも、これでは子どもは飽きてしまいます。そこで、

「みなさーん、今日は何の日ですかぁ？
はい、そうですねぇ。待ちに待った運動会です。昨日はよく眠れましたかぁ？　今日は元気いっぱい走れるかなぁ？
……はい。いい返事ですねぇ。それでははじめましょう！」

と**相手に問いかける「確認話法」**をとります。

櫻子さん、交渉の際は、「確認話法」。こまめに「ここまでよろしいですか」「ご質問はございませんか」と相手の理解の度合いを確かめましょう。それも上から目線にならないように笑顔で。

相手が質問してきたら、メニューの説明はいったんやめて、その質問に答えることに全力を尽くします。

「私の質問に真剣に答えてくれている」この気持ちが信頼を生むのです。メニューが説明しきれなくてもいいじゃないですか。相手にあなたの人間力を売り込むことのほうが大切です。

STEP 2

「ちゃんと聞いている」で安心感を与えよう

【相手にしゃべらせるコツ】

櫻子さん、「メニューを最後まで説明することばかり考えていました」というお返事。わかってもらえてうれしいです。相手の心を確認しながら話を進めると、交渉力のステージはいきなりあがります。

さて今日は、**「相手にもっと語ってもらう方法」**ですね。いい質問です。一本調子に語る交渉がダメだとわかったら、次は相手の話をもっと引き出したいと考えるようになるものです。

相手の言葉を覚える。オウム返しする

ここで、私の好きなお笑いコンビ「かまいたち」のネタを紹介します。

山内「ぼく、こないだ**ＵＳＪ**に行ったときに」
濱家「**ＵＳＪ**？」
山内「ちょっと、**恥ずかしい経験**したんです」
濱家「はぁ、ＵＳＪで**恥ずかしい経験**を」
山内「その日からハロウィーンナイトというイベントをやっていたのを僕、知らなくて、あのゾンビが出てきたときに、ひとりだけパニックになったんです」

わかりますか。ボケの山内が言った言葉を、ツッコミの濱家が必ずオウム返しにしている。**同じ言葉を2度言うことで、お客さんに印象づけていきます。**

交渉術に大切なのも、これです。相手の言った言葉をオウム返しにすること。ただ言い返すだけでなく、納得したり、少し驚いたり、内容を整理してあげたりと、自分のニュアンスをつけてしっかりと返すようにしてください。

人間は、自分の言ったことを他人の声で聞くと「話が伝わっている」と思うもので

す。この人はよく聞いてくれている。その信頼感があって、次の言葉が出てくるものです。

ただ「はい」とか「なるほど」とかうなずくだけでは、「この人、ちゃんと聞いているのかな」と相手を不安にさせます。また**「はい、はい、はい」と同じ言葉を3度つなげると、非常に不快に受け止められます。**相手の言葉をすかさずオウム返しするように心がけましょう。

答えはすべて相手の言葉の中にある

オウム返しをもう少し応用していきましょう。それは、その日の交渉の中で、少し前に相手が語った言葉を使ってその人流にカスタマイズしていく方法です。

話がつまらないと感じる理由のひとつに、**誰にでも使っているマニュアルでの説明**があります。「みんなに同じ話をしているんだろうなぁ」と思うと、鼻白《はなじろ》む思いがしてくるものです。

これを見事に克服した保険のセールスレディがいました。

一年に一度の保険の確認の日。彼女は、自分の母親の介護の話から切り出しました。つられて私も自分の母の話をしました。だんだん調子に乗ってきて定年退職後の不安や最近の健康状態までひとしきり話してしまいました。彼女の話の引き出し方が実に巧みだったのです。

しばらくして彼女は資料を出しました。「あぁ、ここからはマニュアルどおりのつまらない説明か」と思ったら、違った。彼女は、私の既往症、母の年齢、住んでいる場所、退職後の会社のシステム等、私が語ったことを固有名詞から数字まですっかり「暗記」して、話に織り込んできたのです。

雑談の中で私が語った不安に即して、私専用にカスタマイズしたかのような説明をしたのでした。まるで私の話全体をオウム返しにしたかのようです。プロの交渉力に感銘すら覚えました。

要は、記憶力です。交渉を進めながら、相手が言った大切な言葉をすぐに覚えて活用する。交渉の答えはすべて相手の言葉の中にあります。

STEP 3

ピークとエンドを決めておこう

【最後に「イエス」と言わせるワザ】

櫻子さん、「かまいたち」に反応してくれてありがとう。関西人なもんでね。個人的にずっと応援しているんですよ、「かまいたち」。

さて、今回は、交渉の中で最も大切なこと。「**交渉を成立させる技術**」の質問ですね。これが語れたら、すごいことだけれど、なかなか一筋縄ではいきません。でも、できる限り答えていきますね。

プロも使っている「ピーク・エンドの法則」

心理学に「ピーク・エンドの法則」があります。経済学者ダニエル・カーネマン氏が提唱したもので、ものごとの印象を左右する傾向を示しました。ポイントは「**最も**

感情が動いた・盛り上がった瞬間（ピーク）」と、「一連の出来事が終わった瞬間（エンド）」の2つの記憶が全体の印象に大きく影響するというものです。

櫻子さんもパーティを思い出してください。盛り上がった瞬間、よく覚えてますよね。ところがパーティが終わって三々五々帰ろうとする瞬間も不思議と覚えていませんか。帰りがけに嫌なことがあると、どんなに盛り上がったパーティでも「イマイチだったなぁ」と思いますよね。交渉にもこの「ピーク・エンドの法則」が大いに使えるのです。

いつ、何でピークをつくるか

作家の三島由紀夫は、自分の小説をクラシックの「交響楽」ととらえていたそうです。

どんなイントロではじまり、どこで盛り上がり、どう終わっていくか。交渉も「交響楽」です。**与えられた時間が1時間ならば、どのあたりをピークにもっていくか。**

その場面を徹底的にシミュレーションしておくこと。そのときに相手の気持ちを揺さぶるコツも教えましょう。

①ダブルバインド　矛盾する2つの**選択肢**を同時に並べて、どちらか選ばせる。「どっちが得かなぁ」と相手に悩ませる。

②限定感　「ここだけの話」「今だけなんです」「限定品なんです」と**限定感**を出す。

③自己開示　自分に関する情報、現状、心情などを開示して**人間性**で売り込む。

他にもいろいろあるでしょう。ピークで自分がどんな交渉をするか。いろいろシミュレーションしてください。

エンドの印象をよくする

もうひとつは、終わり方です。

駅で人に見送られたとき、ドアが閉まったとたんスタスタと歩き出してしまう人って、冷たい印象で頭に残りますよね。**人間は、別れ際の態度と顔の印象を長く記憶に残すものなのです。**

スティーブ・ジョブズのプレゼンは、「エンド」を実にうまく活用していました。有名な「One more thing」（最後にもうひとつ）のセリフのあとに、画期的な新製品やサービスを発表したのです。「エンド」の印象が最も記憶されると知ってのことでしょう。これは使えます。

「最後にもうひとつ」と言ってダメ押しの商品を出す。とっておきの情報を伝える。プレゼンを用意する。そして最後の最後は、櫻子さんの素敵な笑顔です。きっとこれで交渉成立ですよ。

LESSON

5

自分の思いを「伝わる言葉」に変えるメソッド

相談者 ―――― 三島光咲（22歳）

都内の私立大学法学部4年の三島さん。現在、就活の真っ最中です。

面接はリモートが主流。モニター越しではなかなか相手の反応がつかめません。

「何よりつらいのは、自分の『思い』を『言葉』にすることの難しさです。質問の答えは、心の中にあるのに、それが『言葉』になって出てきません。はじめは緊張しているせいかなと思っていたんですが、毎回、心がもやもやするだけで、ちゃんとした言葉にならない。先日、『あなたの好きな曲は何ですか。その理由を教えてください』と急に言われました。そんなの簡単に答えられると思ったのに、曲名を言うのがやっと。心にあるその曲への『思い』が言葉になりません。適当なことを言ってお茶を濁すしかありませんでした」

臨機応変に、自分の「思い」を「言葉」にする方法を知りたい。「あぁ、ちゃんと考えていたのに、口にすることができなかった！」という地獄から抜け出したい。さて、スピーチの専門家である宗像さんは、どう答えるでしょうか。

STEP 1

「何を書いてもいいノート」をつくろう

【思いを「言葉」にする練習法】

光咲さん、苦労しておられますね。リモート面接は、相手の顔色が見えないし、タイムラグもある。意識的に戸外に出て、気分転換するようにしてください。

さて、「**『思い』を『言葉』にするには、どうすればいいか**」という質問。これを考えるとき、まず「思い」とは何かをつきとめなくてはいけません。

光咲さんは、瞑想《めいそう》をやったことがあるかな。目を閉じて5分くらい座っていると、妄想、雑念、主観、感情みたいなものが次々と浮かんでくるのがわかるでしょう。いかに無駄な「思い」や「考え」が、莫大《ばくだい》なエネルギーを浪費しているかわかりますよね。

「思い」を「言葉」にする。その「思い」とは、心の中で次々と浮かんでは消えていくものなのです。その中から、相手に伝えるのに最も的確な「思い」を選んで、適切な意味の「言葉」にするのは、考えている以上に大変なことなのです。

そこで、この手紙では「思い」を「言葉」にする練習法を教えます。

「思い」を「文字」にする訓練

書き殴って捨てても惜しくないような安いノートを一冊と、青と赤のサインペンを用意してください。

そのノートは、**「何を書いてもいいノート」**です。人に見せるものではなく、終われば捨ててしまうものなので、恥ずかしいことも、やましいことも、すべて書き留めるようにしてください。

テーマを決めます。たとえば、ある会社の志望動機としましょう。

いろいろな「思い」が雑然と浮かんできますね。「安定している」「転勤がない」「休みが多い」「OGが素敵だった」「急成長している」「副業ができる」「辞めたあとに活躍している人が多い」……それを全部書いていく。自分の心をスケッチしてください。「たくさんあって大変だ！」と思うかもしれません。でも、**心の中の「思い」はその何十倍、何百倍とあるのです。**光咲さんが「書き留めよう」と思った時点で、相当な確率を潜《くぐ》り抜けてきた心の声なのです。

いいですか。「思い」は、ものすごい数が浮かんでは消えるのです。だから、人が言った言葉を聞いて「あ、それ、私も考えていた！」と思うのです。しかし、**「思っていること」と「言葉にして発すること」はまったく別物。**「思う」だけならほとんどの人がやっているのです。


光咲さん、今回私が伝えたいのは、「思い」を「文字」にすること。その思いは、外に出してもいい表面上なものだけでなく、世間には発表できないようなものも含みます。それらの言葉を恥ずかしがらずにつかみだして、青のサインペンで走りだしてください。

できれば単語だけではなく、文章にすること。そのほうが自分の「思い」を正確につかまえることができます。

書けば書くほど「思い」は「言葉」になる

私は、「何を書いてもいいノート」をこれまで何十冊と書き、捨ててきました。最近は、ｉＰａｄにＡｐｐｌｅ　Ｐｅｎｃｉｌを使って筆記することが増えてきましたが、思いの丈を書くだけ書いて、ノートを丸ごと捨てる快感にはまだ程遠いです。

自分の「思い」のすべてを文字化するという訓練。今の気持ちは、悲しいのか、悔しいのか、情けないのか、よくわからない。自分の思いを文字にできないことへの苛《いら》立《だ》ち。それを味わうことで、ゆっくりと自分の言葉は成長していくものなのです。

自分の中に浮かぶ「思い」をつかまえるのは本当に難しい。私は今でも毎日、「この思いをなんて言えばいいんだろう」と悩んでいます。

就活は、光咲さんにいい機会を与えてくれました。「思い」を「言葉」にする難しさを、社会人へのとば口で知れたのは素晴らしいことです。

今日から「何を書いてもいいノート」をはじめましょう。世間には公表できない「思い」をどんどん書き留めていってください。**そこには自分の知らない自分が現れるはずです。**それを直視することで、「思い」は「言葉」に変わっていくのです。

STEP 2

頭の中の言葉を「構造化」しよう

【「思い」を有効活用するコツ】

光咲さん、返事をありがとう。「『何を書いてもいいノート』を書いていたら、自分の語彙《ごい》力のなさに愕然《がくぜん》とした」という話、とてもよくわかります。私も書き留めようとした瞬間、「単語＋むかつく」みたいな文章しか浮かんでこなくて毎回愕然とします。大丈夫だよ。慰《なぐさ》めるわけじゃないが、私は今でもそうです。自分の「思い」を「言葉」にするための「語彙」の少なさに驚いています。

さて、今日の質問は「**ノートに書き出した思いを有効に使うコツ**」ですね。わかりました。話を進めましょう。

「思い」をグループ化して、ラベルを貼る

「何を書いてもいいノート」に「思い」を書き出す方法は、課題解決の手法で言えば、「ブレーンストーミング」です。批判することなく、できるだけ多くのアイデアを書き出していく。広告会社でアイデアを考えるとき、よく使われる手法です。

さて、このあとです。パラパラとページをめくって、**似たような言葉や考えを、同じ色で囲い、グループ化していきます。**

たとえば就活。「入社したい会社の条件」について考えているとき、「安定している」「急成長している」という言葉は「健全な企業」ということでグループ化できる。「副業ができる」「休みが多い」は「個人の個性を活かす」なんてラベルのついたグループを作れそうです。

「辞めたあとに活躍している人が多い」「ＯＧが素敵だった」という言葉は、「人間的な魅力」というラベルでしょうか。

こうしてまとめてみると、この企業に対して自分は、「健全さ」「個の尊重」「人間力」といったところに魅力を感じていることがわかる。

もうひとつ例を出します。光咲さんが、最近できた友人にイラついていたとします。「映画館でＡｐｐｌｅＷａｔｃｈを光らせて何度もＬＩＮＥを見てた」「人の家にきてすぐに断りもなく冷蔵庫を開けた」「食事のときによく髪をさわる」なんて言葉が並んだ。これらは「デリカシーのなさ」というラベルで括《くく》ることができる。

類似した思いを集めて、その上に共通するラベルを貼る。こうすることによって、具体的な事象を「人間力」とか「先進性」などといった抽象度の高い言葉に高めていくことができます。

話すのが「好きな人」と「うまい人」

世の中には、「話すのが好きな人」と「話すのが上手な人」がいます。

「話すのが好きな人」は、単に心に浮かんでは消える「思い」の断片を感情に任せて言葉にすることに長《た》けた人。しかし、こういう人の話には深みがありません。**「話のうまい人」は、心に浮かぶ「思い」を拾い上げグループ化し、共通の「言葉」で括ることができる。**「思い」が構造化されているので、話に深みとスケールの大きさがあります。

光咲さん、学生時代に快活にしゃべっていたのに、社会に出たとたん言葉が出てこなくなる人を私は何人も見てきました。学生時代は、思うがままにしゃべって楽しければそれでいい。しかし、**社会に出るとそのおしゃべりによって、評価が決まり、価格が提示されます。責任も背負わされます。**

「発信の時代」と言われる今ですが、失敗する人もたくさんいます。多くは「話すのが好きな人」のまま社会に出て、自分の吐いた一言に詰め腹を切らされています。

光咲さん、今の世の中は無責任に言い放たれた言葉で混沌としています。ファクトとフェイクもわからなくなっています。だから余計に、言葉を吐き出し、整理し、構造化することが大切になっているのです。「思い」を自在に語れると同時に、言葉に責任をもつ大人になってください。応援していますよ。

STEP 3

なんでもランキング化してみよう

【心をつかむ言葉の魅せ方】

光咲さん、最終面接まで進んだ会社があるとのこと。よかったね。その会社に入ってやりたいこと、10年後の自分の姿など、テーマを決めて「何を書いてもいいノート」に書いていきましょう。

就活で一番強いのは、「私にはこういう実力があります。御社に入ったら、特にこういう仕事で能力を発揮できます」と言えること。自己分析、会社分析、怠《おこた》らないようにね。

さて、今回は、「**魅力的な『思い』の伝え方**」という話だね。いくら「思い」を「言葉」にしても、それが魅力的に伝わらなければ意味がないものね。

ランキングでがっちりつかむ

私がよく見ているユーチューバーに「マコなり社長」がいます。話の鮮度、効率的な伝え方、面白さ、どれもお見事。随分勉強させてもらいました。

この「マコなり社長」がよく使う語りの手法に「**ランキング**」があります。なんでも順位をつけて語る。聞いていると、「第3位はなんだろう」「なんで1位になれなかったんだろう」とワクワクしてきます。

昔から、雑誌が売れなくなったときは、「ランキング記事」を載せるに限るといわれていました。**人は、順位のついたものに弱い。注目度がぐんとあがるのです。**

光咲さん、こんないい手をマネしないなんてもったいない。今日伝えたいことは、「なんでもランキング化しよう」です。

三島光咲セレクト「神保町のランチ ベスト5」「最強アプリ ベスト5」「嫌いな性格ワースト5」なんでもいい。書き出してください。

前回のメッセージに書いた「何を書いてもいいノート」から導きだされた「企業の魅力」は、確か「健全さ」「個の尊重」「人間力」の3つでした。これを就職を決める理由順に並べると、どうなるでしょう。

「1位 個の尊重　2位 人間力　3位 健全さ」というのと、「1位 人間力　2位 健全さ　3位 個の尊重」では、面接の際に語るストーリーが違いますね。

ランキングを決めずに漫然と「企業の魅力」を考えている程度では、思いついた順に語ってしまう。それでは表現として弱いのです。相手が身を乗り出して聞く話になりません。なんでもランキングするクセを日頃からつけておきましょう。

「思い」を「言葉」にした具体的表現

それでは、ここまで学んできたことを用いて、具体的な就活面接案を作ってみましょう。

「私が、御社を志望した理由は、3つあります。

はじめは、人間力でした。お会いする社員の皆さんがどなたも生き生きされていました。学生に対しても丁寧にわかりやすく説明してくださいました。すばらしい人たちが働いている。私もここで働きたい。単純かもしれませんが、まず人間力が志望動機になりました。

次は、企業としての健全性です。これはけっして『安定』という意味ではありません。先端技術の開発と環境問題への配慮。将来性と現在の安定感。私にはとても健康な企業に見えました。大学時代、ＳＤＧｓについて深く掘り下げてきた私にとってやりがいもあるし、すぐにもお役に立ちたいと思いました。

そして、なんといっても『個を尊重』する企業システムと社風。私はこれに最も魅力を感じました。未来の匂いがしました」

光咲さんが望む企業から内定がもらえますように、心からお祈りします。

LESSON

6

「おっ、これいいね」と言われる企画書の書き方

相談者 ——— 諏訪弓子（26歳）

諏訪さんは、マンガ好きが高じて、子どもの頃から出版社で働くと決めていたそうです。難関を突破し、晴れて出版社の編集職に。でも、残念なことにマンガ編集の夢は叶わず、一般書籍を担当することになりました。

諏訪さん、正直に言えばマンガ以外の本はあまり読んでない。ビジネス書や自己啓発本は、まったく興味がなかったとか。だから企画を出しても通りません。しかも「違うなぁ……」「ピンとこない」と、却下される理由がいつも不明確。その横で後輩の企画はどんどん通り、先日彼が手掛けた本が、テレビでも取り上げられる話題作になりました。

諏訪さんの本は、売れません。それどころか最近は、企画がまったく通らない。「私には才能がないのかな」と考える日が増えてきてしまいました。周囲を納得させる企画書を作るためにはどうすればいいのか。宗像さんに長いメールを書きました。

STEP 1

風を読もう。空気を読もう。人を読もう

【企画が通る人の書き方】

弓子さん、本を送ってくださってありがとう。あなたが編集された本、私は好きですよ。内容はもちろん、レイアウト、色合い、手触り、よく計算されています。売れないのは、あなたのせいじゃないよ。ていねいな仕事は、やがて花開きます。

しかし、企画が通らないのは困った話ですね。しかも編集長の言葉は「ピンとこない」「ポンと膝を打つ感じではない」「売れる気がしない」と、具体性に欠ける。これでは、修正のしようもないよね。まぁ、ものを深く考えない上司ほど、感覚的にこういう反応をするものです。

でも、腐ってはいけません。あのスヌーピーも言っている。「配られたカードで勝負するしかないのさ。それがどういう意味であれ」とね。環境に負けちゃいけない。

「通る企画の書き方」を考えていきましょう。

流行・状況・心情を読む力を

私が広告会社で、クリエイティブ・ディレクターという役職に就いた祝いの席で、先輩がこんな話をしてくれました。

「クリエイティブ・ディレクターの仕事は、『**風を読む、空気を読む、人を読む**』ことさ」

この言葉が、今回、弓子さんに伝えたいメッセージです。

具体的に話します。「風を読む」は、簡単に言えばトレンド。**流行**です。この先、どんな風が吹くかを感じる。

知人のファッション・クリエイティブ・ディレクターは、昔、渋谷の１０９付近で画角を決めずに何枚も写真を撮ったそうです。続けていると、１００人写っているうちの1人が、ミント・グリーンの服を着ている。次の週には、無造作に撮ったにもかかわらず、同じ色の服の人が8人写っている。それもローティーンに多い。こうした写真分析をずっとやっていたそうです。これが「風を読む」ということ。

画面を確認することなく、今の景色を撮影する。**そこに映った風景から「兆し」を見つけていくこと。**インスタにも日常の会話にも、応用できます。

次は、「空気を読む」。これは**現状**です。現実にも目を向けましょう。

今、自分が作りたい本には、どんな類似本があるか。

書店の状況は、ネット上のレビューはどうなっているだろう。

社内には、同じ時期にどんな本が出るか。広告費や営業をかけてもらえそうか。

また、現実的な状況を集めてみる。**その現実の空気の中で、自分の作りたい本の方向性を探る。**夢見ているだけではヒットは生まれません。現実を見ましょう。

最後は「人を読む」。人の心を読むこと。**心情**を知ることです。

自分の今の気持ちや感覚に対して、周囲の人が「あぁ、私もそう思ってた」「同じ気分！」「なんだかよくわかる！」と共通感覚をもってくれるからヒットする。**自分だけ面白がっていても、世間は「はい、好きなら勝手にどうぞ」というだけです。**

まずは、自分と他人が、今、共感するものを思う。次に、人と違うことを考えて企画にする。弓子さんの本を拝見すると、このあたりが自分に寄りすぎて共感力に欠ける気が少しします。

「人と違うこと」を意識するあまり、「よくわかってくれている！」と多くの人が感じてくれる要素が薄い。それが上司の「ピンとこない」の正体じゃないでしょうか。

「風を読む。空気を読む。人を読む」

弓子さんも、デスクや自宅の机の前に座ってばかりないで、「風」と「空気」と「人」を求めて街を歩いてみよう。目の前の人たちが「どうして私の気持ちがわかったの？」と思ってくれる、そんな企画を目指してください。

STEP 2

ゴールの絵が浮かぶタイトルを書こう

【タイトルで結果が変わる理由】

メールをありがとう。さっそく、スマホをもって街に出てくれたとのこと。その行動力に敬意を表します。

残念ながら、新型コロナウイルスの影響で街の景色は以前と一変してしまいましたね。しかし、これから街に人がどのように集まり、どう変化していくか。それを観察するには格好の機会かもしれません。ここから新しい様式や楽しみ方、新しい集《つど》いや人間関係が見えてくるはずです。しっかり分析してください。

さぁ、では、今回の相談に答えていきましょう。「**上司の心を動かす企画のタイトルのつけ方**」だったね。ひとつ例をあげてみます。

頭の上で動画が動き出すように書く

これは、ある行政機関が、テレビや新聞など報道関係者に集まってもらうために書いたプレスリリースです。

①地元の小学生を招いて除雪車の出動式を行います。

②除雪車出動式開催！　小学生が除雪機械を体験！

②のプレスリリースには、テレビ4局、新聞4紙が報道に来ました。①はゼロ。なぜでしょう。

①は、招かれた小学生が何をするのかまったくわかりません。文面だけだと、除雪車を立って見ているだけに思える。テレビも新聞も、そんな絵にならない取材のために人やカメラを出す余裕はないはずです。

②は、「体験」という言葉がある。これだけで、子どもたちが除雪車に乗り、実際にハンドル操作をしている映像が浮かんできます。**「お、絵になるね。じゃ、取材に行こう」という気になる。**紙面やテレビ画面に映されるゴールの姿が明確なんですね。

今回、弓子さんに伝えたいのはここ。「相手の頭の上で動画が動くようなタイトルをつける」ということ。タイトルやキャッチコピーというと、目新しい言葉、とんがってる言葉、覚えやすい語呂合わせ、なんてものがいいと思っている人がいる。それも大切だけれど、**今、求められるのは「速度」**。わかりやすく、誰もに共通の絵が浮かんで、動き出したくなるタイトルがいい。

「これまでなかったような言葉」を考えるより、「聞いた人が情景をすぐに思い浮かべられる言葉」を心がけてください。

～を～する。進化するコピー

もうひとつ教えます。かつてスティーブ・ジョブズが初代「iPhone」の発売を発表したとき、こんな言葉を使いました。

「電話を再発明する（Today, Apple is going to reinvent the phone.）」

何気ない一言だけれど、頭の中に一度古いタイプの電話を想像するように仕向けている。それを「再発明」するとなれば、一体どんな形になるんだろうとみんなワクワクするよね。

古いものを一度頭に描かせて、「〜を〜する」と進化させる様を語る。よく見ると、アップルのコピーって「手にしたくなるものを、手にしやすく。」（iPhone SE）、「パワーを持ち歩こう」（MacBOOK Pro）と進化をイメージ化しているものが多い。人を動かすコピーのお手本ですね。このあたりを弓子さんも参考にしてください。編集長の頭の上の動画が動き出すような言葉を書いてください。

STEP 3

プレゼンのテンプレート（型）を極めよう

【プレゼンストーリーの作り方】

弓子さん、返事をありがとう。3日後に企画会議とのこと。次は、通るといいですね。編集長に「あ、これいいね！」と言わせたいものです。

「**プレゼンストーリーの作り方を教えてほしい**」とのことですが、学んだからといって急にうまくなるものではありません。確実に結果が出るようになるには何度か成功体験を重ねながら自分なりのプレゼン様式を作り、それを洗練させていく必要があります。私がこれから語るのは、その基礎の基礎だと思ってください。

今回は**プレゼン自体をひとつの「物語」と考え、順を追ってストーリーを語るためのテンプレート**を紹介します。私が作った「物語共有シート」。参考にしてください。

物語共有シート

氏名

発売日

商機ココに見た！

作るための苦労とこだわり

だからこれを作るんだ！

見てくれ！ 他との違いを

この人たちに読んでもらいたい

読者にこう言われたい！

「物語共有シート」の作り方

①私は、商機をここに見た。

トレンド。今なぜ儲かるのか。「風を読む」を思い出して語ってください。

②だからこれを作るんだ！

作りたい本の内容を語る。会議室のみんなの頭に最終ゴールが浮かぶように語りましょう。

③この人たちに読んでもらいたい。

不特定多数のターゲットではなく、どんな生活をし、どんな人間関係の中で生き、どんな夢や、どんな悩みを持っている人に向けたものか。具体的に語りましょう。本は、その人に向けたラブレターです。

④作るための苦労とこだわり。

何にこだわるのか。どんな障壁があるのか。これも正直に語ろう。ここが共感を呼びます。よいアドバイスをもらえるかもしれません。

⑤見てくれ！　他との違いを。

類似本とどこが違うのか。どう差別化できているのかを語りましょう。分析によって、この本にかけるあなたの意気込みが伝わります。

⑥こんなことを言われたい！

手にして、実際に読んだ読者からどんな感想をもらいたいのか。インタビューでもしたかのように「生の声」を伝えます。すでにもうその本が大成功しているようなイメージで締めくくりましょう。

次のプレゼンは「物語共有シート」に弓子さんの企画を書き込んでください。順番に堂々と話せば、上司の目におじけづくこともなくなります。プレゼン前日は、使いづらいところがあれば、使いやすいようにどんどんアレンジしてください。

最後になりますが、自分の感じたことに自信をもって、それを愛していてくださいね。風を読み、空気を読み、人を読むことを続けていけば、必ず弓子さんの感性と時代がマッチする瞬間がきます。せっかく手に入れた憧れの職業だ。自分の幸運を神様に感謝しましょう。ご武運を祈ります。

COLUMN

宗像洋一郎の語彙増殖術

谷川俊太郎さんの詩に「生きる」があります。「生きているということ　いま生きているということ　それはミニスカート　それはプラネタリウム　それはヨハン・シュトラウス　それはピカソ　それはアルプス　すべての美しいものに出会うということ　そして　かくされた悪を注意深くこばむこと」（谷川俊太郎「生きる」より抜粋）

この詩は、「生きる」という言葉をマグネットにして、谷川さんの感情を動かした単語を並べています。もしあなたが谷川さんのように「生きる」という言葉をマグネットにして、ピンとくる言葉を集めたらどんな言葉が並ぶでしょう。

スマホの充電器、一眼レフカメラ、ラベンダーのクリーム、水色の付《ふ》箋《せん》……なんでもかまいません。あなたの感性で、「生きる」にくっついてくる言葉を探してみてください。

言葉は、マグネット

語彙力を増やそうとして、知らない言葉の意味を調べて覚えることも大切です。しかし、それ以上に大切なのは「さみしい」とか「許さないこと」とか「悔しさ」といった言葉をマグネットにして、自分の感性で言葉をたぐりよせる訓練をすることです。

白い紙に「さみしい」と書く。さて、どんな言葉が次に浮かぶか。合鍵、ひと気のない教室、水色の手紙、化粧鏡……私の頭に今、思い浮かんだものです。あなたの考えたものとはまったく違うはずです。それでいいのです。正解はない。そこに集まったのは、「さみしい」を素にしてあなたが切り取った言葉の群れなのです。

私たちは日々の生活の中で、あまり吟味することなく言葉を使っています。旬の秋《さ》刀《ん》魚《ま》を食べたら旨《うま》かった。それを「おいしい」「うまっ！」「やばい！」なんて言葉をとりあえず使って暮らしている。よくよく考えると、日々の生活では１００語くらいの単語を適当に使っているだけのように思えます。

語彙を増やすことは、日々使う言葉のグラデーションを豊かにすることです。「うまっ！」で片づけている言葉を、「香ばしい」「脂がのってる！」「秋の苦さだ！」「旬ですなぁ」「生き返った」などに言い換えてみる。白い紙の真ん中に「秋刀魚」と書いて、その旨さを表す言葉を書き出してみる。やるとすぐにわかります。いかに自分のボキャブラリーが貧困か。しかし、それを味わうことが大切なのです。

一度やってみると、何かの拍子に「秋刀魚」について、誰かが美味《おい》しいを表す言葉を使っていれば、すぐにピンときます。「あぁ、そういう言い方もあるのか」と思う。この小さな感動があって、はじめて語彙は増える。日常で使える言葉の武器がひとつ増えることになるのです。

人の言葉もストックする

私は「言葉のマグネット」をいろいろなところで使ってきました。広告会社では「広告」というマグネットを使って、先輩たちの言葉を集めていました。会議や打ち合わせのときに「これはいい言葉だな」と思ったものをメモしておきました。

たとえば広告の言葉……

「何より勢い」「わかりやすいこと」「自分が言われたい言葉」「応援歌」「若い人から盗むもの」「ええじゃないか運動が起こせる言葉」「感じて見るもの」「頭から答えが出ていること」「無用の用」「引き算の芸術」「単純さの教え」「たくさん信号が出ていること」……

こんな言葉がすぐに浮かんできます。ピンときた人の言葉を書き留めておく。集めた言葉は人のものであっても、集まった言葉の群れは、あなたの感性が呼び寄せたものです。どこの誰にもないユニークな語彙の群れです。

谷川俊太郎さんは、一番好きな言葉として「好き」をあげています。「何かを好きになることは、人生において非常に大事なこと。『好き』は『愛のもと』だからね」とおっしゃっています。「好き」という言葉をマグネットに心に響く言葉を集める。私は、この方法が最も効率的に、楽しく、自分だけの語彙を広げていく方法だと思っています。

用意するものは白い紙とペン一本。「好き」と真ん中に書いて、あなたの「好き」の語彙を増やしていってください。

LESSON

7

人を惹きつけるパワーのあるコピーの書き方

相談者――――稲田日菜（22歳）

稲田さんは今年、大手化粧品会社に入社し、志望していた宣伝部に配属。早くもネット広告のコピーライティングを任されています。

大学時代は「広告研究会」に所属。文章には自信がありました。ところが、自分がいいと思ったコピーを書いても商品が動きません。認知率も上がりません。評価を見ると「不快に感じた」という人も多く、自信をなくしています。

「なんとかして人を惹きつけるパワーのあるコピーを書きたい」と思って力を入れるほど、上司にボツにされる。素直に書いたり、レトリックに走ったり、よい広告をマネしたりと努力をしているのですが、ダウンスパイラルから抜け出せずにいます。

「みんなの気を引くコピーを書きたい。言葉の最大瞬間風速を吹かせたい」、そのアドバイスを宗像さんに求めました。

STEP 1

山っ気を捨てよう

【言葉に勢いをつけるワザ】

日菜さん、お手紙ありがとう。リズム感のある文章でした。一気に読みました。天性の文才でしょう。伝統ある化粧品会社の宣伝部に抜擢《ばってき》されるのもわかります。しかし、コピーで商品が動かない。認知されない。不快に思う人もいるというのはキツそうですね。若いので焦る必要はないけれど、私なりに考えたことを書くことにします。

バズりたい気持ちが、コピーを劣化させる

「**言葉の最大瞬間風速を吹かせたい**」というご相談。つまりは、人が共感し、「いいね」などの高評価を得て、拡散され、バズり、実際に商品が売れる文章を書きたいということですね。正直、それが書けたら、私は大金持ちになっています。その方法が

見つからないので、多くの人がトライ＆エラーを繰り返しているのです。

日菜さんの文章や実際に掲載されたコピーを読んで、少し不安になる点があります。**「こうすれば話題になるかもしれない」という思いが透けて見えるところ。**「最大瞬間風速を吹かせたい」という気持ちが、商品よりも前に見えてしまっているようです。

スマートフォンが世に出てから10年を過ぎて、私たちが読み書きする文章も大きく変わりました。誰もが手軽に発信者になれる。すると、自分の発信を鋭く、強く見せるために、強くてスキャンダラスな言葉が蔓延《まんえん》し、誇大広告やフェイクニュースも日常茶飯です。自らをさらす「ぶっちゃけ系」や「炎上商法」など、過去にない方法で話題をさらおうとする輩《やから》もいる。

こういう中で、「人を惹きつける言葉」「最大瞬間風速のある言葉」をめざしていると、話を盛ってみたり、極度にマイナス表現にしたりと、「目立つ」ことをつい考えてしまいます。これは極めて危険です。

私が広告会社に入社したとき、**「下ネタと楽屋落ちは、企画にしてはならない」**と教えられました。「下ネタ」は簡単に話題になるけれど、どんどんエスカレートしていく。下品に陥りがちです。「楽屋落ち」は自分が面白いと思うほど、世間は面白く感じない。下手をすると人に反感、嫉妬、嫌悪感を抱かせる。この2つは「書くな！」ときつく申し渡されました。

きっと先輩は「企画の品格」を守る大切さを教えてくれたのでしょう。**「何を書かないか」を決めることによって、文章の品格を守る。**つい目立つことを考えてしまう今の時代には、なおさら重要なことに思われます。

親しい人に勧めるなら、何というか？

「一発当てたい」という山師のような気質を「山っ気《け》」といいます。

多くの発信者が「山っ気」で一攫千金《いっかくせんきん》を狙った文章を書こうとする。結果、バーチャルの世界でもリアルな世界でも「1秒で解消」「あっという間に18キロ減量」なんてコピーがあふれている。日菜さんの勧める伝統ある企業がこうしたコピーを書くことはできないし、書く必要もありません。

私からのアドバイスです。日菜さんの中に芽生《めば》えつつある「山っ気」を捨てましょう。

一時的にウケる言葉を考えるより、自分の母親やきょうだい、親しい友人にその商品を心から勧めるには何というか。**「大勢」に買ってもらうのではなく、「大勢の中の一人」を納得させるにはどう書くか。**そこを考えてください。

岩崎俊一さんという名コピーライターがいました。心に染みる名作コピーをたくさん書いた方です。

「やさしくされると、髪はがんばる」（資生堂スーパーマイルドシャンプー）

というコピー。人と髪とシャンプーの関係がとても気持ちいい。山っ気はない。人間味がある。親しい人に勧めたくなる力があります。

バズることを思案する以前に日菜さんの好きな人に勧める言葉を模索してほしい。

山っ気を捨て、あなたの大好きな人が思わずにっこりするようなコピーを書きましょう。そのほうが日菜さんらしさもきっと出ます。

STEP 2

「ザーッと書いてみる」を繰り返そう

【スッと届く言葉を書く秘訣】

日菜さん、お手紙ありがとう。原稿用紙の升目にきちっと収まる文字。読みやすくて、力強くて、好感がもてました。

岩崎俊一さんの『幸福を見つめるコピー』（東急エージェンシー）をさっそく購入したとのこと。いいでしょ！　言葉があったかいですよね。岩崎さんのコピーは、得意先への、生活者への、そして自分の家族や周辺の人たちへの「ラブレター」のようです。

「もらったものは、買ったものより、ちょっとおいしい。」（西武百貨店）

なんて、一度読んだら、人から贈り物が来るたびに思い出します。いい文章とはこういうもの。長期記憶の中にまで染み込んで、ことあるごとにふっと出てくる文章です。

きっと岩崎さんは、人から何かをもらうたびに、「なんか、いつもより、うれしい、おいしい、あったかい」という気持ちをもっていたのでしょう。生活の中で幾度もこういう経験をする。それが商品ときれいに結びついたときに、誰もが膝をポンと打つようなコピーが生まれる。

レトリックよりも大切なことは、毎日の中で、自分の心の変化を観察すること。それを素直に言葉にする勇気です。

同じ時間に、同じ分量を発信する

さて今日の課題は、岩崎さんのような「**人の中にすっと入り、あったかくする言葉を書く方法**」です。身につける方法は、シンプルです。毎日欠かさずＳＮＳに投稿すること。「欠かさず」というところが大切なんだよ。

私は、10年近く毎日フェイスブックやｎｏｔｅに１０００字程度のコラムを書いています。毎日１０００字、多いときにはこれを４、５本投稿する。人間ですから体調の悪い日もある。むしゃくしゃ、モヤモヤする日もある。「今日は書くのはやめよう」

という誘惑が脳みそに何回も浮かんできます。それでも書く。正直、ひどいものも多い。朝一番に書くから、誤字脱字、文章のねじれはしょっちゅう。読み返すたびに落ち込みます。

しかしそれでも続けるのは、「素直な文章」が書けるようになるから。ウケようと思ったり、カマをかけようと策を弄《ろう》したりもする。でも、繰り返して書いているうちに、**「自分のスタンダード」がどのあたりか、わかってきます。**「あぁ、こういう文章を書くとみんなもほっとしてくれるんだな」というポイントが見えてきます。

昔書いた文章を読み返すと、いかにも「自分は文章がうまい」と鼻にかけたところがある。小賢《こざか》しくて、恥ずかしい。しばらくすると「板につき そのうちどうも 鼻につき」という川柳がぴったりな横柄《おうへい》な自分が出る。そういうときは「いいね」の数もコメントも少ない。人はよく見ています。

毎日、SNSにまとまった文章を書くことで、自分のいい面も悪い面も見えてくる。

それを知ったうえでコピーを書くと、独りよがりな表現が影を潜めるはずです。必ず毎日続けてください。

書いて、書いて、クリエイティブ・ジャンプ！

もうひとつ。「クリエイティブ・ジャンプ」について書いておきます。

なんと言ってもコピーは数を書くことです。**頭の中の言葉を全部、出す。そして空っぽになった頭に再び真新しい言葉を入れる。**

たくさん書いているうちに、だんだんと脈絡がなくなってきます。自分で言葉をコントロールする力がなくなったとき、自分の記憶の深いところから、自分でも思いもよらない言葉が出てくる。これが「クリエイティブ・ジャンプ」です。

日菜さんは、これから何度もこれを味わうでしょう。吐き出せば、頭の中に言葉がまだない「赤ん坊」の感覚に襲われます。見るものすべてが新鮮。体中に好奇心が充《じゅう》填《てん》される。最大瞬間風速の言葉が、ペンの先から滲《にじ》み出ます。

英国の作家ウィリアム・ヘイズリットは言いました。

「もっとやれば、もっとできる」

STEP 3

いい言葉を食べよう

【言葉力を高めるトレーニング】

日菜さん、こんにちは。お手紙ありがとう。最近書きはじめた日菜さんのｎｏｔｅ。実にいいね。自宅近くの本屋さんとの対話。昔、「自転車サイズの街」という名作コピーがあったけれど、まさに「自転車サイズの目線」。風を切る音と人の温もりを感じます。何より「山っ気」のないところがいい。素直な日菜さんが、言葉に表れています。

さて、今回は、**「言葉の力を強くする勉強法」**を知りたいとのこと。これはなかなか難しい。

まずは、「言葉に力をつける王道はない」ということを理解してください。そんなうまい手は、古今東西ないのです。それを理解してもらったうえで、私がどうやって「言葉の力」をつける訓練をしているかを紹介します。

ピンときた言葉は丸暗記する

特に変わったやり方ではありません。「ピンときた言葉を食べるように覚える」という方法です。私が学生時代、記憶にまつわる話で、辞書を丸暗記して「よし、全部覚えた！　もうこのページは必要ない！」といって辞書のそのページをむしゃむしゃ食べたというのがありました。間違いなく都市伝説だけどね。でも、私はこの「言葉を食べる」という感覚は、言葉を生業《なりわい》にする人間には必要だと思っています。

センスだの、感性だのと言ったところで、それを表現する語彙がなければ人の心のひだにまで到達する言葉は紡《つむ》げません。

歌人で劇作家の寺山修司が「言葉を友人に持とう」と言っています。私たちの仕事は、どれだけ仲のいい「言葉の友だち」がいるかにかかっている。**言葉にたくさん出会い、それを腹に溜める。**それが私の勧める勉強法です。

たとえば、スマホをいじっていたら、こんな言葉に出会いました。

「ＭＥＲＲＹ　ＧＯＯＤ　ＪＯＢ！　ほめよう。私たちを。」（ルミネのクリスマス２０２０）

コロナ禍で苦しんだ２０２０年。なんとかクリスマスまでたどりつけた自分たちを褒めたい。そんな気持ちが伝わります。これは丸暗記しました。

「この冬、雪をとかすほど、勉強に燃えてみようよ。」（早稲田アカデミー）

冷たさの中に赤く燃える闘志。子どもに教える機会が多いので、この言葉も丸呑みしました。言葉から「色彩」を感じます。

「悩むべき、悩みだけ、悩みましょう。」（アースミュージック＆エコロジー）

ぼんやりとした不安に襲われ続けることが増えたこの頃。この言葉は普段の会話にも使えます。

こんな言葉を、受験生が英単語を覚えるように暗記していく。ピンときた言葉は無条件に食べて、身につけてしまいましょう。

「街の言葉」を丸ごと記憶する

人が実際に話した言葉にも記憶しておきたいフレーズがあるはずです。

コピーライターの眞木準さんは、「言葉というのは音というひとつの肉体」と言っていました。**人の口からこぼれた言葉は、本やネットに定着した言葉とは違うタイミングや勢いが宿っている。**それを丸ごと覚えたい。口に出してモノマネして記憶します。

たとえばこんなことを言われたことがあります。

素敵な女性に「近く、また会いましょう」と言ったら、「近く会いましょうと言う人で実際に会ったことはありません。3ヶ月以内に会いましょうと決めても半年くらいはあいてしまいます。日にちを決めましょう」と返されたのです。これ、そのままドラマのセリフに使えそうだと思って、口調まで覚えました。

またあるとき、一生懸命思い出そうとしていたら、「覚えてないものは、思い出せない」と言われた。痛いところを突かれたけど、気に入って丸ごとお腹に入れました。

コピーライターは、いろんな人のいろんな言葉を丸ごと蓄えることで、言葉に広さと深さと強さが出るものです。言葉を食べよう！

LESSON

8

褒め言葉をパワーアップさせる3つの秘訣

相談者――――白山あすか（27歳）

都内のホテルに入社してブライダルプランナーになった白山さん。「１００％幸せな仕事をしたい」とちょっぴり甘い気持ちで仕事についたら、やっぱりきつかった。

お客様にとっては一生に一度。ルーティンでこなしている顔はできません。毎回、「わぁ、お綺麗ですねぇ」「お幸せですねぇ」と笑顔で言ってはいるものの、正直、５年目ともなるとさすがにきつくなってきました。

「自分の中で、『お綺麗ですね』みたいなありきたりな言葉に飽きています。でも、他に語彙がないんです。もっと褒め上手になりたいです」

と悩みを語ってくれました。「ウェディングドレスに触る仕事は素敵だし、お客様から感謝の言葉をかけられると涙が出る」と言います。

やめるつもりはない。どうしたら、「おめでとう」「美しいですね」以外の言葉を使える褒め上手になれるか。それを知りたくて宗像さんに手紙を書きました。

STEP 1

相手のいいところを一言にまとめていこう

【褒め言葉の見つけ方】

あすかさん、大学を卒業して帝都ホテルに就職したのは知っていたけれど、まさかそのホテルのロビーでばったり会うとはね。声をかけてくれてうれしかった。

さて、さっそく悩みに答えていきましょう。「お似合いですね」「美しいですね」と笑顔で言うことに疲れてきている。「**それに代わるいい褒め言葉がない**」という話ですね。

気づいてなかったけど、私って○○なんですね！

あすかさんは確か、文学部出身だよね。ならば、芥川龍之介の『蜘蛛《くも》の糸』は読んだことがあると思う。あの小説を読んで、蓮《はす》の華の咲いた極楽より、おどろおどろしい地獄のほうが、生き生き描けていると思わなかったかな。

どうやら**人間というものは、極楽よりも地獄を描くほうが得意。**極楽は退屈で、言葉数も少なくて、月並みなものになりがちです。

「ブライダルプランナー」は極楽と地獄を比べると、どちらに属する仕事かわかるよね。そう、極楽です。だから仕事として難しい。「お綺麗ですね」「お幸せに」みたいな言葉しかない。マンネリになりがちなのです。

そこで褒め言葉を増やすためのアドバイスをします。私が広告会社に入ったとき、先輩から聞いたエピソードを紹介しますね。

「宗像、**最高の褒め言葉**ってどういうもんかわかるか」

私が広告コピーを書きはじめた頃、先輩がいきなりこう質問してきました。あすかさんならなんて答えますか？　先輩の答えはこうでした。

「話し終わったあと、相手に、**『気づいてなかったけど、私って○○なんだ！』って思わせる言葉**なんだよ」

「気づいてなかったけれど、私ってケーキの食べ方が綺麗なのね」「気づいてなかったけれど、私ってＬＩＮＥを送るタイミングがすごくいいのね」と、**相手が自分自身のよさに気づく。**これが先輩の言う最高の褒め言葉でした。

広告のコピーも「気づいてなかったけど、この商品にはこんないいところがあるんです」とわかるように書けと教わりました。目からウロコでした。確かに、自分の知らない自分を褒められるのはうれしいよね。

褒め言葉は「発見」するもの

この先輩の言葉を、ブライダルプランナーとして活用してみてはいかがでしょうか。たとえば、

「背中がかなりあいたドレスですが、お客様はピラティスをしておられるので肩甲骨《けんこうこつ》の動き方がとても綺麗です。後ろ姿が健康的でエレガントに見えますね」

「お客様のように、奥歯が見えるくらい口角《こうかく》の上がった笑顔になれる方はあまりいらっしゃらないんですよ。広い会場でも幸せなご様子がよく伝わると思います」

つまりね、「褒め言葉」は「発見」なんだ。

「美しい」とか「かわいい」の別の言い方を探すのではなく、相手の中から発見する。それが「褒め言葉」です。

あすかさんは、もう何人もの花嫁さんを見てきている。実は頭の中にたくさんの発見がストックされているはずです。少し意識すれば簡単に美しいポイントを発見できるんじゃないかな。それができればきっと仕事が楽しくなると思います。

幸せの発見をいっぱいしてあげてください。

STEP 2

占い本で、ポジティブシャワーを浴びよう

【褒め言葉を増やすコツ】

あすかさん、ホテルの優待券を送っていただき恐縮です。「気づいてなかったけど、私って○○なんだ！」という褒め言葉、好評のようでうれしいです。

さて、今回の質問ですね。「語彙が少ないから発見を言葉にすることができない」という話。なるほど、確かに相手のいいポイントを見つけても、それを表現する言葉がなければ伝わらないですね。前回も書いたように、「褒め言葉」の語彙は少ないのです。ではどうしたら「**褒め言葉を増やせるか**」。教えますね。

自分に関係ないところまで占い本を読む

あすかさんは、占いを信じますか。星占いでも手相でも風水でもいい。それを読む

とき、自分やパートナー、友人などと関係ないところまで目を通したことがあるかな。

実は、**「占い本」は「褒め言葉」の宝庫**なんです。普段、私たちは自分に関係あるところだけを読む。しかも、どちらかと言えば、欠点や注意すべき点を重点的に読みがちです。その視点を少し変えて、**占いの本を「ポジティブワード全集」と思って読んでみましょう。**

私の手元には、『誕生日大全』（サッフィ・クロフォード＋ジュラルディン・サリヴァン著、主婦の友社）という本があります。1月1日から12月31日まで、その日生まれた人の性格や運命を網羅した本です。

ちなみに私の誕生日、4月22日を見てみましょう。「集団のまとめ役」「頭の回転が速い」「当意即妙《とういそくみょう》」「独創的」「ゴージャス」「不言実行」「自分を表現する力がある」「ユーモアセンス」なんて言葉がすぐ出てくる。

もちろんネガティブな言葉もたくさん出てきますが、それは無視。ポジティブな「褒め言葉」の語彙を増やすのが目的だからね。

思考が深まれば、言葉も深まる

占いの本には、たくさん前向きな言葉が載っています。そのポジティブワードをシャワーのように浴びます。

「なるほど、『生来の楽観主義』なんて褒め方もあるんだ」と感心しながら読むと効果的です。

あすかさんが、お客様の新婚旅行の話になったとき、頭の中に「ゴージャス」「独創的」「冒険心」「バランス感覚」「時代の先端」「包容力」なんて単語が浮かぶようになったら随分会話がラクになりますよね。

あすかさんは、人の幸せをお手伝いするのが仕事です。「占い」本に限らず、たくさんポジティブな言葉のシャワーを浴びるように心がけてくださいね。

でも、忘れちゃいけないことがあります。基本は、前の手紙に書いたように、「相手の知らないよいところの発見」がメインです。占いの本に出てくる「ポジティブな言葉」は、**よいところをより的確に発見するための基礎的なレッスン**と心得てください。

残念なことに、ＳＮＳ上では、人を誹謗《ひぼう》中傷する言葉ばかりが並んでいます。世の中は、批判、否定、罵詈雑言《ばりぞうごん》であふれている。だからこそ、人を褒める言葉が大切になります。それが相手の心に残るものになります。

あすかさんには、美しく、肯定的な言葉をたくさん使う人になってほしい。いい言葉のシャワーをいっぱい浴びてください。

STEP 3

黙ることで褒めポイントを明らかにしよう

【効果的な褒め言葉の使い方】

お手紙、拝誦《はいしょう》。いつも思うけれど、字がきれいですね。読むだけで清々《すがすが》しい気持ちになります。ありがとう。さっそく、占いの本を買って、実践してくれている様子。ちゃんとやっていること、手紙を読めばわかります。

前のものより明るい言葉が増えている。華やいだ印象を受けました。が、ここからがまだ問題です。あすかさんが書かれたように、「自分だけが浮いているような感じがする」「言葉がツルツルすべっているような気がする」のが、次の難問ですね。

「沈黙」という褒め言葉を大切に

幸せな二人をもっと幸せにするために、「**効果的な褒め言葉をどう使うか**」。大切ですね。「発見」といっても、毎回「発見」があるわけじゃない。「占い本」のポジティブシャワーも、多用しすぎれば滑るに決まっている。じゃ、どうするか。ここは、ブライダルプランナーの原点に帰ってみよう。

お客様は、幸せです。多少、言い争いやケンカもあるだろうけれど、基本はハッピーです。

幸せな人は総じて「隙あらば、しゃべりたい」と考えます。幸せの絶頂にある今を、ここまでに至った自分を、パートナーとのなれそめや性格を、これからどうするのか、どんな問題を抱えているのか、何が忙しくて、何が足りなくて、どんなことにドタバタしているのか。しゃべりたくてしょうがないはず。悪いことではありません。幸せな人は言葉数が増えるものです。

とるべき態度はひとつです。黙ること。相手の話を聞くこと。そのおしゃべりから出てくる言葉を使って、さらなる「二人らしい結婚式」を提案していく。そこに至るまで、**相手に話してもらう。自分は聞き役に徹する。**これ、ものすごく大切なコミュニケーションメソッドなのです。

作家の村上春樹さんが「他人の話を進んで聞くというタイプの人間が極端に不足した時代」（『１９７３年のピンボール』講談社）と書いたのは、もう40年以上前の話。今、人の話を聞く人はさらに減って、絶滅危惧種に近い。誰も彼もが自ら発信したい時代です。だからこそ「傾聴してくれる人」の評価があがる。

ただ聞くのではなく、**人の話を真剣に傾聴する人は、それだけで仕事の信頼感が増します。**自分の発信力を抑えて、相手を受け止める。これだけで器の大きな人に見えます。

褒めすぎないことも褒め言葉

もうひとつ、書いておきます。それは「褒めすぎないこと」。

「褒める」というのはとても難しくてね。言葉が過ぎれば、お世辞、おべんちゃらに聞こえる。評価の匂いがすれば、上から目線と思われる。相手を持ち上げるあまり自分を卑下《ひげ》すると、妬《ねた》んでいるように思われる。

おだてないこと。こびないこと。今最もいいと思っているポイントを具体的に心を

込めて褒める。そういう態度が必要です。褒めすぎないことも、大切な褒め言葉だと心得てください。

無理することはありません。急に身につくものではない。でも、**誰かの役に立ちたい。自分も成長したいという気さえあれば、人を幸福にする言葉の使い手に必ずなれる。**一生に一度の瞬間に、エールを送れる人になれます。

あすかさんのカラッとした笑顔は、人を幸せにする力がある。門出を祝福するにふさわしい晴朗《せいろう》さがあります。沈黙と傾聴を活用して、素敵な笑顔の人でいてください。

LESSON

9

みるみるうちに個人発信力があがるテクニック

相談者 ―― ふじいこのは（25歳）

大学在学中から、ブロガーとして活躍していたふじいさん。就職も考えたけれど、好きなことをやって暮らしたいと考え、ブロガーとして生計をたてることを決めました。

しかし、世の中は甘いものではありません。もはやブロガー、ユーチューバーは飽和状態です。浮き沈みが激しい中で、ふじいさんも生き残ることに必死。ブログの登録者数や「いいね」の数に日々振り回されています。

そんなふじいさんが恐れているのは、ネタ切れ。ブロガー生活6年目に入って、マンネリ感は否めません。何冊も本を書き、あちこちで講演をしている宗像さんに、そのネタ、どこで、どうやって仕入れているのか。どうすれば面白いネタを見つけるようになるのか聞いてみたい。「企業秘密かもしれない」と思いつつメールを出してみました。

STEP 1

一点を見つめて、話のタネを見つけよう

【話すネタの仕込み方】

このはさん、メールありがとう。毎日、楽しみにこのはさんのブログを読んでます。インスタグラムもよく見てますよ。この前、推薦されていた「鉛筆削り」をつい買ってしまいました。なるほど、力を入れなくてもよく削れます。いいものを紹介してくれてありがとうございます。

相談は、**「話のネタの仕込み方」**ですね。私も毎日苦しめられています。毎晩、「明日、書けなかったらどうしよう」と不安になってます。だから、このはさんに伝えられるほどのものはありませんが、体験を通して自分が「確かだな」と実感できたものについて書きます。

風景の中に自分を溶かしていく

正岡子規《まさおかしき》という明治時代の俳人・歌人がいます。俳句の他にも野球解説から夏目漱石の発掘まで幅広く活躍しています。しかし、子規は脊椎《せきつい》カリエスという病にかかっていました。お尻から背中にかけて穴があき、膿《うみ》が流れるという病気です。その痛みと闘いながら子規は、「**病牀六尺《びょうしょうろくしゃく》**」という随筆を死の2日前まで書きます。

「病床六尺、これが我世界である。しかもこの六尺の病床が余には広過ぎるのである」と書き綴《つづ》った子規。彼にとっては、病床から見える庭の景色、四季の変化が、ものを書くネタのすべてでした。

彼は庭をじっと見つめ、四季の風、色彩の変化、植物の成長などを観察し、飾ることなく見たままを言葉に変えていきました。**身動きできない、だからこそ、豊富なネタを探すことができたのです。**

同じことを私も経験しました。腎臓がんの手術をしたあと、身体中にチューブを入れ、身動きがとれませんでした。

それでも首を横にすると病室の窓の向こうに高校の校庭が見えました。生徒たちが体育の授業を受けています。若いのに、みんなダルそう。ダラダラと走るやつ、ふざけている仲間、ズルするやつ。遠くからでもそれがわかりました。「おい、おまえら！　ちゃんと運動しろ！」と健康な体がうらやましいぶん、文句のひとつも言いたくなる。やがて夕陽が落ちる頃、生徒の姿が見えなくなった学校を私はじっと見ていました。

ただこれだけのことですが、退院したあと、私は以前よりも一点を眺めるクセがついたように思います。**風景の中に、自分を置いてみる。それを少し遠くからもう一人の自分が見ている。**あるいは、カメラつきのドローンで空中から景色を見るような気持ち。自分を透明にして、景色の中に溶かしていくと、不思議なほどいろいろなものが見えてきました。

正岡子規に学ぶ「一点観察法」

今回のこのはさんへのアドバイスは、「**一点を見つめる**」こと。

私たちは日頃、見ているようで何も見ていないのです。愛用のペン一本、まともに絵に描くことができない。

ネタがない状態とは、「ネタを探さなくちゃ」という思いに脳が支配され、目の前の景色、何の変哲もない日常の変化に気づく力が落ちていることです。

外の景色が見える場所を探して、そこを「病牀六尺」と決める。1時間、自分はそこから身動きができないと考えて、ひたすら景色を眺める。この間、スマホを見ない。メモもとらない。邪念が頭に浮かぶのも気にすることはない。

ただ、見て、見て、見て、見て、見る。

ネタは、「考えよう」「思いつこう」として出てくるものではなく、「考えない」「思いつかない」ことから生まれます。ただ、見る、聞く、感じると、五感にすべてを任せる時間があってはじめて出てくるのです。

じっとひとつの景色を眺めてください。そこにネタは必ずあります。

STEP 2

一眼レフカメラをもって旅に出よう

【話すネタの集め方】

このはさん、メールありがとうございます。吉祥寺のカフェに佇《たたず》んでいる様子、ブログで見ました。文章の呼吸が、ゆっくり、整ってきた感じがしました。そんなこのはさんに今度は、正岡子規のやり方とは正反対の「**話のネタの集め方**」を紹介します。

移動が言葉を鍛える

今回は、江戸時代の俳聖・松尾芭蕉です。このはさんも「古池や　蛙《かわず》飛びこむ　水の音」は知っているよね。この句、日本人なら蛙は一匹だと想像できるけど、海外の人の中には「何匹のカエルが飛びこんだかわからない。日本語は実に不明瞭だ」なんて怒る人がいるとか。イマジネーションのあり方が根本的に違うんだろうね。

そう。このイマジネーション。**これを獲得するのに最も効果的な方法が「旅」なんです。**芭蕉は、46歳で「奥の細道」の旅に出る。江戸から東北・北陸をめぐり、岐阜の大垣まで。距離にして２４００キロ。換算すると1日数十キロ歩いたことになります。だから「芭蕉は、忍者だった！」なんて噂もあります。

人間は、移動すると脳が活性化する。赤ちゃんだってハイハイをはじめて、目の前の風景がどんどん変わるようになると脳が急激に発達する。**目の前の景色がずんずん動くことで、感性が目覚めるんだ。**作家の開高健《かいこうたけし》は「走馬看花」、「馬を走らせつつ花を見る」と言いました。同じ花でも、移動の中でパッと目に入る花だから印象に残る。美しく、大切なものに思えるのです。

先日、ある作家と食事をしていたら、「毎日、必ず自転車に乗る」と言ってました。健康のためでもあるけれど、多摩川の土手をサイクリングしているときが一番、執筆の構想が浮かぶそうです。羨《うらや》ましかった。私もすぐに自転車を買いにいきましたよ。

確かに、大きな空の下で風に吹かれて移動していると脳が活性化するのがわかる。「あ、そういえば、この前こんなことがあったな」なんて思い出す機会が増えました。

日々のほとんどの作業が、パソコンやスマホに集約されるようになって、私たちは目ばかり酷使する生活をしています。さらに、リモートワークや学習が増えることによって、椅子に縛りつけられている時間がますます長くなっています。この環境では、せいぜいできて、検索かネットサーフィン。人の書いたものや資料を漁《あさ》る程度になってしまう。でも、それだけじゃどこか既視感のあるものしか作れない。新鮮な切り口で、新しい話題を提供することはできない。

心の触媒になるものが、SNSやウィキペディアの情報だけというのは極めて不完全なことです。人を動かす言葉を作るには、もっと身体をはる覚悟が必要です。

松尾芭蕉に学ぶ「野ざらし観察法」

芭蕉の『野ざらし紀行』になぞらえた「野ざらし観察法」。何を持って歩くか。今回のアドバイスはここです。「一眼レフカメラをもって旅に出よう」。

「カメラならスマホで十分。きれいな画像が撮れるし、加工もしやすい」とこのはさんは言うかもしれない。でも、それは違うんだ。目的が違う。

一眼レフは、発信のための素材を撮るのではなく、自分の「興味のフォーカス」を確かめるために持つんです。街に出てカメラを向ける。手動で焦点を合わせようとすれば、何かひとつに対象を絞らなくてはいけません。

ある人物に焦点を合わせれば、他はボケる。また違うものに焦点をあてると、同じ場所なのにまったく違う風景がファインダーの中に広がる。**これを繰り返すうちに、自分の中に「切り取る力」が芽生えてくる。**「馬を走らせつつ、どの花に焦点をあてるか」をパッと選ぶ選択眼がついてくる。

人の感性は、何かを選ぶことによって更新するものです。何かを選び、何かを捨てる行為によって、現状を打破しマンネリから抜けられるのです。

私もマンネリの時期が長く続きました。既視感のあるものしか書けない。そんなとき、知り合いの歯科医さんが撮影した見事な夜桜を見ました。聞けば近所の公園だという。しかしそこには、歯医者さんの審美眼《しんびがん》があり、桜の物語があった。もうそれだけで十分エッセイが書ける。即座に私もカメラを買いました。このはさんもいかがですか。

STEP 3

一行コラムをつくってみよう

【名文・名句をネタにするコツ】

このはさん、メールありがとう。立派な一眼レフをお持ちですねぇ。「カメラ散歩」が趣味とは知りませんでした。先日、ｎｏｔｅに書かれた近所の本屋さんの写真、とても素敵でしたよ。自転車サイズの街で暮らしている様子が生き生きと伝わってきました。

さて、今日は、「観察法」から離れて、本や資料などから得た知識、**引用文をネタに変える方法**をアドバイスしましょう。

引用文を自分の言葉に変える

私は、学生の頃から、本を読んで気に入った一文があると、それをノートに書き写していました。**ノートが手元にないときは、本の空白部分にその文章を書きます。**ラインを引いたり付箋《ふせん》を貼るだけではなく、文章を「書く」ことで、身体に覚え込ませようとしてきました。

しかし、さまざまな資料が紙からデジタルに変わると、簡単にコピペできるようになりました。電子書籍をｉＰａｄで読み、引用したい部分をコピペする。実に簡単です。しかし何一つ頭に残りません。名句や気の利いたフレーズも大抵のものは容易に検索可能です。いつしか、わざわざノートに書き写す必要もないように思えてきたのです。でも、これがいけなかった。

なんでもかんでも「検索すれば出てくる」と考えた瞬間、脳は一気に怠《なま》けだします。退化します。私の脳みそは、甘やかせるととどまるところを知らないようなのです。スマホに多くの言葉が貯蔵されているぶん、自分の身体からは日常使いの言葉以外抜け落ちていくような気になります。言葉を生業《なりわい》としている人間にはかなり危険信号でした。

そこで考えたのが、「**一行一コラム**」という方法です。

やり方を教えましょう。たとえば、このはさんが、人形浄瑠璃《じょうるり》作者の近松門左衛門の「人の口には戸が立てられぬ」という言葉を「いいな！」と思ったとしましょう。この言葉をノートに引用します……。でも、それで頭に入るでしょうか。**書き写したということで満足してないですか。**そこで、この名言を自分の言葉で言い換えます。たとえば「言ったことは、必ず広まる」と言い換えてみる。口語にするといろんな場面で使える言葉になりますね。

短いコラムで自分流にする

これだけではありません。もっと「ネタ」する必要があります。私は、「言ったことは、必ず広まる」という言葉の下に、短いコラムをつけるようにしています。

たとえば、

「言ったことは、必ず広まる」

昨晩、同僚の鹿島と飲んでいた。勢いで、上司の悪口になり、私はつい、「あいつ、かっこばかりつけやがって」と言ってしまった。翌朝、会社に行ったら同じチームの山崎が「確かに、お前が言うとおり。あいつは『脳がないのに、かっこばかりつけやがる奴だよね』と言った。……もう、広まってる！　しかも『脳がないのに』という尾ヒレまでついて！　言ったことは、必ず広まる。しかも元の言葉より膨らんで。

なんて文章を作って保存するのです。

名句や箴言《しんげん》をただ書き写すのではなく、自分の言葉に直して、さらにコラムにする。立派なコラムは必要ありません。「言ったことは、必ず広まる」ならば「中二のとき、『吉田が好き』と言ったらクラス中にすぐ広まった」程度のことでいい。「驕《おご》れる者久しからず」ならば「いい気になってると、必ずしっぺ返しをくらう」なんて自分流に書き換える。その失敗談やエピソードがあれば、メモをしておく。そんな感じです。

人の言葉を自分の言葉になるまで咀嚼《そしゃく》する。こうすることで、自分流の人を動かす言葉が完成していきます。引用文を徹底的に使いたおしましょう。

COLUMN

宗像洋一郎の読書術

本格的に読書が好きになったのは、高校時代でした。親戚の家にあった手塚治虫の『罪と罰』（原作・ドストエフスキー）で大筋がわかると、活字でも読めるような気がしました。文庫本を手に入れました。言葉が古くて難しくて、何度も挫折したけれど、マンガであらすじは知っています。「今、全体のどのあたりまで読んでいるか」がわかっていると、何日読まなくても、また戻ってくることができます。結局、半年くらいかけて『罪と罰』を完読しました。

これが、自信になりました。同時に、内容のわかりやすいものから読んでいく読書の方法を見つけたのです。何かを知ろうと思ったら、迷わず子ども向けの本を探す。最初から原書にあたるようなことはしません。マンガでも子ども用の図鑑でもいい。自分は無知な上に理解速度が遅いことを素直に認めて、手軽な本から専門書へと徐々

にレベルをあげていくのが私の読書法です。

この方法には副産物があります。どんなに難しい内容でも、小学生でもわかる言葉で伝えるようになれること。専門書を読むだけでは身につかない、誰にでもわかりやすく説明する力が養われるのです。この読書術が、子どもからお年寄りにまでわかるスピーチを書く力になりました。

B6カードを栞がわりに

本は買える限りは自腹で買います。私の場合、本は手帳のようなもの。空白に、内容とはまったく関係ないメモを書くこともありまず。気に入った言葉が出てくれば、上のスペースに、その文言を書いて覚えていきます。

いい言葉は、暗記する。多少、言い回しが違っても記憶するようにしています。内容を問わず、気に入った文言はなるべく覚える努力をします。こうして怠惰《たいだ》な脳をつねに緊張状態にしていると、眠くなりません。

詩人の荒川洋治さんが「読むので思う」と言っています。私から言えば「暗記したいと思うほど読むから、思ったり、考えたりすることができる」。もちろん、そんなに数があるわけではありません。平均すれば普通の文庫本一冊で10から15といった数。最終的に覚えているのは、がんばって1つや2つです。それで十分です。

本の余白では足りなくなるので、栞《しおり》がわりにB6判のカード、いわゆる「京大式カード」を挟んでいます。気になるところは、真っ白なカードに書き込んでいく。足りないときは、さらにカードを追加します。

本は、能動的に読むものです。あとで売ることを考えて汚さないように読む。これはできれば娯楽の本に限ってほしいと私は考えます。あとで本を読み返すとき、最後のページに挟んであるこのカードが役に立つ。読んだ当時の自分の解釈や疑問点があとになってわかるので、当時と今の考えを比較することができるのです。

読んだ本の数などどうでもいい

よく「年間何冊くらいお読みになりますか」と質問されるけれど、数を競うことには意味がないと考えています。つまらない本は、途中でどんどんやめればいい。本の冊数より、気に入って暗記して身につけた言葉を、どれだけ自分流にアレンジして使っているか。その数のほうが大切ではないでしょうか。「読んだ」という事実よりも「読んだ本を活用」している実態に目を向けるべきでしょう。

最近、ベッドを替えました。背の部分を自動で起こせるベッドで、夜はスマホをリビングに置いて、本とペンだけ持ってベッドに潜《もぐ》り込みます。ここ最近は、やさしく書かれた哲学の本にはまっていて『哲学と宗教全史』（出口治朗／ダイヤモンド社）、『史上最強の哲学入門』（飲茶／マガジン・マガジン）、『答えのない世界に立ち向かう哲学講座』（岡本裕一朗／早川書房）などを読んでいました。

「難しい」と敬遠しがちな「哲学」をわかりやすく解説しようと試みている本が今はたくさんあります。これらは間違いなく、学生や若い社会人から悩みごとを打ち明けられたり、相談されたときの力になる。

あとは、遅ればせながら『かがみの孤城』（辻村深月／ポプラ社）を読みました。私が審査員を務める小学生の読書感想文コンクールで、今年も大人気。なぜこの本に子どもたちが熱狂するのか。それを確かめたくて読みました。

流行のビジネス本などを読むよりも、次世代の支持する本の中に未来をひもとく鍵がある。頭が古くならないためにも、中高生までに支持される本は、できる限り読もうと考えています。ベッドが心地よくて、すぐに睡魔に負けておりますが。

LESSON

10

言葉がスラスラ出てくるようになる最短コース

相談者 ——— 多賀武（29歳）

小学生の頃、多賀くんはみんなから「ちんもく」と呼ばれてからかわれていたそうです。言い返してやりたいけれど、その言葉が出ない。中学、高校と進学しても無口を直すことはできませんでした。

大学は、図面さえ引いていればいいと思って建築学科に進んだ。しかしここでも、発表が苦手。よい成績がとれぬままデザイン事務所に入った。案の定、上司からは「黙っていちゃわからない」と言われ、得意先からは「ちゃんと説明できる担当をつけてください」と言われる始末。どこに行っても、「ちんもく」にはつらい仕打ちが待っています。

確かに世の中は、発信力の時代です。多賀くんから見れば、大して実力がない人でも口さえうまければお金を稼ぐことができる。人の意見のコピペや受け売りを、さも自分の意見のように話しているユーチューバーを見るにつけ、頭にきたり羨《うらや》ましいと思ったり。口の重い多賀くんのような人でも、人前で語れるようになるのでしょうか。多賀くんは、宗像さんに手紙を書きました。

STEP 1

声で、場を支配しよう

【「無口」から抜け出す秘訣】

多賀くん、お手紙ありがとう。「ちんもく」という渾名《あだな》とは思えない、内容が過不足なく書けているいい手紙でした。大丈夫、書く力はあるんだからしゃべれるようになれるよ。いっしょに「**無口から抜け出す方法**」を考えていきましょう。

思ったことをどんどん声にすればいい

多賀くんの場合、人前で話すこと以前に、まずは「**声を出す**」ことが大事だと思う。私が一人暮らしをはじめた頃、知らない町で誰一人話す人がいませんでした。ずっと黙って暮らしていました。人って不思議なもので、一度しゃべらなくなると口がどんどん重くなるようです。じっと自分の内面の声を聞いているほうがよくなってきます。

久しぶりに蕎麦屋に行って「天ぷらそば！」と注文しようとしました。そのとき、自分で自分の声に驚いたんだよ。「え？　僕ってこんな声だった？」ってびっくりしました。

人とのコミュニケーションを考える前に、まずは思ったことを声に出す習慣をつけていこう。

伝えたいのは、**「大きな声で、ひとりごとを言う」**こと。アホらしいと思わないで、ぜひ試してほしい。つねに「沈黙」を破る訓練です。

たとえば、風呂に入ったとき、「あぁ、気持ちいい！」と声に出す。ご飯を食べて「うまい」と言ったり、「ちょっと塩が多いな」と言ってみる。本を読んで「意味わかんねーよ」と文句をたれ、「なるほど、参考になる！」と言ってみる。

多賀くんもＺｏｏｍなどのリモートワークで、「チャット」を使ったことがあるでしょう。あの機能を使って講義をすると、普段は口下手な学生でも、人目を気にせず書き込んでくれる。私の言っている「ひとりごと」はこのチャット機能のようなものだ。

普段の生活の中で「ひとりチャット」をする機会を増やしてほしいのです。

挨拶で相手との関係を変える

さて、「ひとりチャット」でとりあえず「沈黙」を破れるようになったら、いよいよ対人コミュニケーションだ。心配することはないよ。基礎の基礎からはじめよう。

それは、「挨拶《あいさつ》をする」という極めてシンプルな方法です。

「挨拶」という字は、「挨」も「拶」も「押す」という意味があります。**「おはようございます！」と言うことは、その場の空気を押していることになる。**声で、その場を支配しようとするんだ。

声で、場を支配する。だから、野球部もサッカー部も練習のときは出し続ける。応援部は、声で相手に勝とうとする。当て字だけれど「押忍《おす》」という字を「押すに耐え忍ぶ」と書くのは、象徴的です。相手の声に耐え忍ぶわけだ。

「挨拶」は、礼儀だけのものではありません。その場の空気を支配するためにもあるのです。

多賀くんは、大きな声で挨拶をしていないと思う。**それでは、はじめから相手の支配する空気の中で打ち合わせをしたり、交渉する結果になる。**ますます「ちんもく」になってしまう。

「ひとりチャット」の続きで考えて、まずは朝起きたら「おはよう」と声を出してみるところからはじめよう。

禅のお坊さんの中には、起きてすぐ「おい！　主人公！」と言ったりする。「随所作主（ずいしょにしゅとなる）」、どこにいても自分が主人公であると声に出して確かめるそうだ。「ちんもく」を破る方法としてマネをしたいところです。

そして、コンビニの店員さんに「ありがとう」と声をかけてみよう。その積み重ねが、重い口を軽やかにしていくんだよ。

STEP 2

「見られる自分」から「見る自分」になろう

【人前で話すのがラクになる方法】

多賀くん、お手紙ありがとう。「コンビニで、『ありがとう』と言ったら店員にニコッとされてうれしかった」という言葉、私もうれしかった。「挨拶」というのは人類が何千年もかけて練り上げてきたコミュニケーションの結晶なんだよ。使わない手はないよね。

さて、今回は**「他人の目が怖くなくなる方法」**という質問に答えていきましょう。

知らない人の前で別人格になる

多賀くんがやりたいことは、「人前でしゃべれるようになること」だったよね。ならばまず、「人前」について考えてみよう。

多賀くんが苦手なのは、特に上司とか同僚とか得意先とか、自分をよく知る人の前で話すときじゃないだろうか。「また部長に、『言いたいことをはっきり言え！』とどやされる」「部下に『全然、意味、わかんないんですけど』と馬鹿にされる。そんなふうに思ってしゃべれなくなるんじゃないかな。

でも、よく考えてほしいのです。部長の「はっきり言え」も、部下の「わからない」も、多賀くんが想像しただけのものだ。「～と言われたらどうしよう」と思っているだけのことだよね。

つまり多賀くんは、**他人から見た評価を想像して怯《おび》えている**わけです。

知っている人が相手だと、繊細《せんさい》な人は「あの人ならこういう悪い評価をするに違いない」と想像して怯えてしまう。サッカーのオウンゴールみたいなものです。

これを克服するには、**知らない人が集まるところに出かけること。**

多賀くんが趣味にしているもののコミュニティでも、勉強会やセミナーでもいい。

多賀くんのことを知る人のいない場所に出かけて、いつもの自分とは違う自分を演じてみましょう。

そのとき、いつもより派手な服を着るとか、伊達《だて》メガネをかけるとか、いつもの多賀武とは違う格好で行くことも大事。映画俳優のように「有能にしゃべる自分」を演じる気分になること。こうすることによって、普段「こんなことを言われたらどうしよう」と思う気持ちから離れることができる。

相手は知らない人なのだから、どう見られようが、何を言われようが知ったことじゃない。そういう気持ちで人の中に入り込むと、「なんだ、みんな大したことないな」「けっこういい人そうじゃないか」なんて、自分の評価で周囲を見ることができるようになれます。

「見られたらどうしよう」から「見てやろう」へ

「こう思われたらどうしよう」ではなく、自分から「こんなふうに見える」「こういうふうにふるまってやろう」という気持ちになる。そこで発言できたり、人と話せれば余計にいいけれど、急ぐ必要はありません。

まずは、**「人からどう見られるだろう」ではなく「自分から見てやろう」と気持ち**

を変えることに力点を置いてください。これが今回、多賀くんに伝えたいポイントです。

こういう経験を何度かして、社内に戻ってみる。「こんなふうに見られたらどうしよう」ではなく、「自分からこう見てやろう」という気持ちになって会議の席に座ると、ビクビク目を伏《ふ》せていた自分から解放されていることに気づくはずです。

「怒られたらどうしよう」ではなく「怒る姿を見てやろう」と思って臨めば、上司も部下も得意先もさして怖くない。**こっちが「見てやろう」と思えば、向こうのほうが「見られたらどうしよう」と思うようになる。**

立場が逆転すれば、もうしめたもの。何ひとつ怖がることなく、「私の話を聞かせてやろう」と思えるはず。なんでも見てやろうじゃないか！

STEP 3

接続詞をたくさん使うようにしよう

【うまく話すための「型」】

多賀くん、お手紙ありがとう。さっそく、「文房具」のコミュニティに行かれたとのこと。帰りに初めて会った人と焼肉をいっしょに食べて盛り上がったそうで、よかった。

君は「ちんもく」なんかじゃない。ある一面では「ちんもく」でも、別の局面になれば饒舌《じょうぜつ》に、楽しく語ることができるんだよ。自分を「口下手だ」なんてレッテル貼りする必要はまったくないのです。

今回は「**単語ではなく、文章でしゃべれるようにしたい**」という相談ですね。わかります。

しゃべるのが苦手だと、「眠い」という単語は口にできても、「昨日夜更かししたの

で、今日は1日中眠いよ」と文章で語ることができない。単語をぼそっとつぶやくだけでは、無口とあまり変わらないからね。今日はそこをアドバイスしましょう。

接続詞をわざと入れて語る

文章と文章がどのようにつながっていくか。それをわかりやすく示すのが、「そして」「しかし」「だから」といった接続詞です。

今回、多賀くんに伝えたいのは、話すときに「接続詞」をたくさん使うこと。口下手を直すとても有効な手段です。

たとえば、先ほどの「眠い」を使って考えてみよう。

「眠い」と同時に、こんな言葉が頭に浮かんでくる。「寝不足」「だるい」「つまらない」「帰れない」……これを、「接続詞」を使って、文章にしてみましょう。

眠い。**（なぜなら）**今日は、寝不足だからだ。**（そして）**体が、だるい。**（だから）**仕事がつまらない。**（しかし）**会社からはまだ帰れない。

口からぼそっと出た単語を書き留める。それを自分の思考の流れに沿って並べ替えてみる。その合間、合間に、つなぎになる「接続詞」を入れていくと、順番がわかりやすくなります。

同時に、一単語だけでは足りない。「今日は、」「体が、」「仕事が」「会社からはまだ」といった言葉で補足したくなるはずです。

これは、口下手な人だけでなく、スピーチライターが、政治家や企業トップのスピーチを書くときに使う手なんです。「そして」「しかし」「なぜなら」「だから」「また」「とりわけ」「たとえば」「要するに」なんてつなぎになる言葉をあえて入れて原稿を書きます。こうすると話の流れがよく見えるんです。

豊富な接続詞が、物語をつくる

子どもの作文を添削していると、接続する言葉を増やすほど作文力があがることがわかります。

「やっぱり」という言葉を覚えると、「旅行から帰ってきた。（やっぱり）自分の家が一番だ」と、いろいろやってはみたが元の場所が一番いい！　といった原点回帰の気分が言える。

「ところが」を知れば、「お弁当の時間になった。ところが、食べられないのだ。お母さんがお箸を入れ忘れていた！」なんてドラマチックな展開ができるようになる。

接続詞を自在に扱えるようになると、急に話が面白くなります。

もちろん、入れっぱなしだと幼稚な印象になるので、必要なところ以外は外すようにしてください。

「僕は『ちんもく』と言われてきた。**（そして）**みんなから軽んじられてきた。**（しかし）**ここで変わろうと思う。**（なぜなら）**好きな人ができたからだ」

この文章から接続詞を抜くと、歯切れがよくなるのはわかるよね。

接続詞を意識することで、語と語がつながり文章で話すことができるようになります。ロジカルに考えることもできるようになります。ぜひ試してみてください。

LESSON

11

相手を いい気分にさせる 反論メッセージ法

相談者 ―――― 山末爽介（33歳）

自動車会社で設計デザインを担当している山末くんは、上司とそりが合いません。設計者として尊敬できる一面もあります。でも、過去の成功体験に囚《とら》われすぎている。そう思って反論すると、「待ってました！」とばかりに自論を展開しはじめる。山末くんでは到底歯が立たないと言います。眠れないほど、悔しいそうです。

「こっちも意固地《いこじ》になって、相手の嫌がることをつい言ってしまいます。実は、大学の頃から真正面突破の反論をして、随分、損をしてきました。そろそろクレバーで、効率的な反論の仕方を覚えたいと考えています」

頭の固い人、強固に自論を展開する人、人の話を聞かない人の心を動かして、自論をスムーズに通す。そんな技があるのでしょうか。

この無理難題に宗像さんが挑みます。

STEP 1

「意見のぶつけあい」をやろう

【巧みに言い返す技術】

爽介くん、お手紙ありがとう。**「うまい反論の仕方」**を知りたいとのことだね。承知しました。自分の思いを書いていきます。「反論」があればいつでも言ってきてください。

総じて日本人は「反論」が苦手です。「ここで反論すると、場の空気を乱すかな」と思うとなかなか反論できない。私はその原因のひとつが、「反論」という言葉にあると思っています。

協調反論でエネルギッシュな議論を

「反論」を辞書で引けば、「相手の意見に対して言い返すこと」と出てきます。つまり、はじめから相手の意見に「反対」しているわけです。

誰かが何か言ったら、「反論」。また誰かが何か言ったら「反論」。これでは議論にならないよね。そこで、今日、爽介くんに伝えたい人を動かす方法です。**「反論」という言い方をやめて「議論をぶつける」という言葉を使う。**

「あなたの意見に**反論します**」

「あなたの意見に**私の意見をぶつけさせてください**」

すいぶんニュアンスが違いますよね。「意見のぶつけあい」を専門用語で「協調反論」と言います。意見と意見のぶつかりあいならば、妥協点もさらに高い視野の意見にまで至る可能性があります。

私がギリシアを訪れたとき、男たちが真昼間からカフェに集まってけんか腰で話をしていました。私には一触即発の状況にしか見えなかったけれど、「あれは議論しているんだ」とギリシア人に教えられてびっくり。男たちは、古代ギリシアの哲学者のように議論をしていたのです。だからけんか腰のように見えて、実は仲良し。「協調反論」の応酬はエネルギッシュで、楽しそうでした。

大切なことは、相手を打ち負かすことではなく、よりよい結論を導くこと。だから「反論」より「意見のぶつけあい」。爽介くんにこの考えをもってほしいのです。

「なるほど」が突破のきっかけになる

さて、「意見のぶつけあい」をするときに重要なことは何か。それは、**つねに中立な立場でいる**ことです。

爽介くんも「ポジショントーク」という言葉を知ってるよね。自分の立場、立ち位置に由来して発言を行うこと。一見信念があるように見えるけれど、議論を尽くして新しいものを創造していこうとするときには少々やっかいな人になってしまいます。

まずは中立な立場にたって、「今この瞬間に、自分は何を正しいとするか」を考え、臨機応変に動けるようにする。

「それじゃ、自分の軸がなくなってしまう！」と思うなかれ。**そもそも「軸」のあり**

なしは、自分ではなく他人が見て決めることです。

つねに、中立の立場をとり、新しいデータ、事実を虚心坦懐《きょしんたんかい》に読む。その結果をもって人の意見に、自分の意見をぶつける。これが創造的な議論です。

そのために、**「なるほど〜しかし」**という言い方を覚えるといいよ。相手が君の意見に反論してきたら、「なるほど」と言って、一度、相手の内容を理解する。そのあとで、その意見に対して納得いかない点を指摘し、自分の意見を言います。

これは「Ｙｅｓ-Ｂｕｔの法則」という有名なものなので、これを知っている相手だと「あ、Ｙｅｓ-Ｂｕｔでしゃべっているな」と見透かされるときがあります。そのときのために、「しかし」の部分を、「ちょっとわからないのは」「その点について考えたのですが」と、否定でない言葉に言い換える。**「しかし」（Ｂｕｔ）という明らかな否定と思わせずに、「そこで」（Ａｎｄ）に見せながら自分の意見を主張していくやり方もあります。**

話のうまい人は、相手に否定意見を述べるときの語彙を豊富にもっています。爽介くんも研究してみてください。

STEP 2

論破したいときは転がそう

【言い負かされないテクニック】

爽介くん、メッセージをありがとう。「上司に『意見のぶつけあい』は通用しなかった」とのこと。協調反論で臨んでも、相手はおかまいなしにしゃべってきた。困ったものですね。では、今日は、**「相手の言葉の勢いを制する方法」**を教えます。

手ごわい相手を制する5つのコツ

①質問する

相手にどんどん「質問」してしゃべらせる。**どんなに頭のいい人でもたくさんしゃべれば思わぬ矛盾が出てくるものです。**それを見逃さずに、再び「質問」をします。しゃべっている本人も実は「ちょっと矛盾したことをしゃべっているかな」と思います。しゃべらせることで、自身で矛盾に気づいてもらう。すると無闇にしゃべれなくなります。

②リズムをくずす

相手と同じテンポ、間《ま》のとり方でこちらがしゃべると相手は助かるでしょう。「江戸っ子」のけんかは言葉がポンポン出てきますが、あれは双方が同じリズム、音量、間でしゃべっているから。けんかしているのに二人ともリズムに酔って気持ちがいいのです。そうなってはいけません。「反論」する限りは、相手のペースを制御し、相手をリズムにのせないことです。

「ゆっくりしゃべること」を心がけてください。間を十分にとって、「こちらは考えて、言葉を選んでいる」という態度をとりましょう。

③味方の数を増やす

相手の意見を制するには、多くの人、データを味方につけること。**心の中で「これは私一人の意見ではない」とつぶやいてから、自分の意見を組み立ててみましょう。**

たとえば、「もう会社が、B方向と決めたのに、今ごろになってなんで文句を言うんだ?」という上司に対して、一度「これは私一人の意見ではありません」とつぶやき、「私の知る限りでは、A部長もD部長もまだ反対しておられると聞いています。スタッフも7割近くは反対しています」と客観的なデータや情報で反論する。

自分の思いだけで語らず、こうした人の意見や情報を集めて語ると、相手も形勢があまりよくないと感じるはずです。

④意見を取り入れた場合のメリットを語る

相手を追い詰めると、個人的な恨みを買うことがあります。そうならないためには、自分の意見を取り入れた場合のメリットを語ること。

先ほどの例で言えば、「今、A方向に戻せば、人員確保がスムーズになります。A部長、D部長の賛成はとれるはずですし、今決断していただければ、私たちもすぐに動くことができます」と、**相手に「自分が決断した」と思わせることも忘れずに。**

語勢をくずして、話の中身だけを見る

まとめましょう。

①相手に質問し、しゃべることを促《うなが》す。その言葉の中から矛盾点などを見いだす。

②相手のリズムをくずして、勢いを制する。

③「これは私一人の意見ではない」というスタンスをとる。

④こちらの意見を通したときのメリットを伝え、相手に花をもたせる。

言葉には「語勢《ごせい》」というものがあります。話したり、書いたりするときの勢いです。**我を通そうとする人は、人に意見を挟ませないようにするために、わざと語勢を強くします。**言葉の圧力をあげてマウントをとろうとしてきます。爽介くんは、これに呑《の》まれてはいけません。

こうしたテクニックを使って、しゃべり続ける相手の暴走を止める。勢いに押されることなく、あくまで言葉の中身に目を向けましょう。中身だけ見ていれば、いつも同じことの繰り返しだったり、勢いだけで論破しようとしていることがわかるはず。

こちらを「手強《てごわ》いやつだ」「一筋縄ではいかない」と思わせることもビジネスの世界では必要です。強気、強気、強気！　でいきましょう。

STEP 3

「学べ！」と叫ぶようにしよう

【反論されたときの対処法】

爽介くん、メッセージありがとう。相手のリズムをくずすこと。「これは私一人ではない」という態度で相手に臨むこと。やってくれているようですね。上司に「最近、山末のやつ、手強くなってきたぞ」と思わせれば大成功です。がんばってください。

さて、今日は、**「反論されたときの打ち返し方」**という質問だね。自分が反論されたとき、どう対処すればいいかという話ですね。

「イライラ」をなくすたった1つの考え方

「反論されただけで、カチンときてしまう」と爽介くんは書いてきた。わかります。

誰だってそうだよ。私も、人に反論されるとカチンとくる。それが正しい意見だとしてもなかなか素直に受け入れられないものです。

では、どうすればいいか。ここで、本の一説を紹介します。村上春樹さんのデビュー作『風の歌を聴け』（講談社）の中にこんな一説があります。

「あらゆるものから何かを学び取ろうとする姿勢を持ち続ける限り、年老いることはそれほどの苦痛ではない」

私は大学1年のときにこの一文を読んで衝撃を受けました。「たとえ自分が嫌いなことでも、耳に痛いことでも、欺《あざむ》かれたり、誤解されるようなことであっても、**どんなことからでも学ぶことができる**」と思った瞬間に、大学生活、いや自分の人生が変わりました。

その後、何度となくカチンとくることがありました。人の心に平気で手をつっこんでくる人もいたし、完全犯罪と思えるような裏切りにもあった。その都度、「どんなことからも学ぶことはできる」と自分に言い聞かせてきました。

そこでアドバイスです。自分を動じないようにする言葉です。それは「**学べ！**」と心のうちで叫ぶこと。

反論されたとき、

「学べ！」

と心の中で叫ぶ。この言葉で、感情のカチンカチンと鳴る音はかなり抑えられますよ。

反論されたとき、何より大切なのは自分の中に湧き上がるネガティブな感情をコントロールすることです。安っぽいプライドを捨てちゃいましょう。

あえて相手の意見を整理する

では、反論に対する答え方について考えてみましょう。

まずは冷静に相手の意見を聞き、自分なりに咀嚼《そしゃく》することです。

「わかりました。今、あなたがおっしゃったことは、こういうことですね」

と相手の意見を整理する。それを**しっかり声に出して相手に返します。**

人間は、自分の発言を整理されたかたちで戻されると、肯定的になるものです。「そのとおり、よくわかっているじゃないか」という気分になる。自分の意見を述べるのはこの後です。

①反論から「学べ！」という姿勢で聞く。
②反論を自分の言葉で整理し、相手に伝える。
③反論に対する自分の意見を述べる。

この順番を忘れないようにしてください。

議論は、本来、課題を解決するためにあるものです。その解決のために人と人が言葉をぶつけあったうえにさらなる言葉、アイデアを創造していくものです。

人から反論、批判される耐性をもち、感情的にならず、相手の気持ちを鎮めながら、論理的に話していく。爽介くんならこれが身につくと確信しています。負けるなよ！

LESSON

12

誰もが納得・共感する「説明力」アップの秘策

相談者 ―――― 浅間翔太（33歳）

浅間くんは、几帳面な性格です。「目的地まで、あと少しです」と言われると、その「少し」が1分なのか5分なのか気になる。「今回のプレゼンは僅《わず》かの差で負けました」と言われると「何票差で負けたのか」を知りたくなる。子どもの頃から数学大好きの典型的な理系人間。人と人が、よりよいコミュニケーションをするためには、「数値」を使って正確に話すに限ると信じています。

ところが会社では「あいつの話は、正確には違いないが面白みに欠ける」なんて言われます。正確に、客観的に、データを作成して発表したのに「数字を並べるだけではわからない」と上司に嫌な顔をされます。

「多くの人が、じーんときただの、心に響いただのと言っている話は、ただ情緒《じょうちょ》的なだけです。私は、数字、数値、データを使ったほうがブレることなく、サクサクと仕事が進むと思っている。感情に訴えるだけのやり方は、はっきり言って古いです」

さて、浅間くんのこの主張に、宗像さんはどう答えたでしょうか。

STEP 1

「数値」＋「感情」で語ろう

【数字が苦手な人に数字を語る方法】

浅間くん、こんにちは。メッセージを拝読しました。その考えは間違っていないと思います。

数字には、万人を説得させる力があります。

以前、ニューヨークでCMの映像の編集をしていたときのこと。色味の調整を現地のスタッフとしていました。日本の映像監督が、アメリカ人のエディターに「もう少し、赤味を抜いてくれないか」と色の指示を出しました。するとエディターが振り向いて、「何パーセント、赤を抜けばいいんだ」と質問してきたのです。

文化の違いもあるでしょう。お酒をお燗《かん》するのに「人肌程度にあったためて」で通用する国に育っていると、数値ではなく経験値で伝わるような気がしてしまいます。

でも、これは早晩、通用しなくなるでしょう。さまざまな人と仕事をするようになれば、数字という具体性は今より大切になる。誰の頭にも同じイメージを抱かせるのに数字の力はますます必要になるでしょう。

数字はリテラシーの差が激しく出る

それでは「**嫌われないデータの語り方**」について考えてみましょう。

浅間くんが感じているように、世の中は数字が得意な人ばかりではありません。聞くだけで、頭が痛くなる人もたくさんいます。

私もその一人です。ぱっと見せられたデータを読みとれと言われても、読みとれたためしがありません。

浅間くんと私では、そのデータに対するリテラシー、つまりその分野における知識やそれを活用する力が違いすぎるのです。

数字ではなく語学で考えてみてください。

浅間くんは、フランス語ができるとする。私は「ボンジュール」しか知らない。それで浅間くんからフランス語の本を理解せよと言われても無理ですよね。数字は、リテラシーの差が如実に出るものなのです。

面白く聞こえるように伝える

浅間くんに見てもらいたい動画があります。ウォール街出身の投資家・高橋ダン氏のユーチューブ動画です。

さまざまなデータを駆使してその日の株式市場などを解説している。金融に明るくない私には難しい内容もたくさんありますが、毎日興味深く聞いていています。なぜでしょう。

それはダン氏の話術です。データといっしょに、「すごいニュース！　バカでかいニュース！」「僕もびっくりした」「これから、ダイ・ボウ・ラクする！」と**感情語**がついていています。

「ここが面白いところなんです」と言われると、聞いて理解したくなる。データの紹介を感情豊かに語ってくれるので、数字が不得手な私も毎日聞いてしまう。聞いているうちに、ダン氏の口調から「今日は大して変化がないな」とわかってくるようになるのです。

もちろん、数値ですから客観性をもたせる必要があります。しかし、君がいるのはビジネスの現場です。君が思いどおりに人を動かしたいと思うなら、君がもっていきたい方向に感情を入れることも大切なのではないでしょうか。

人を動かすために大切なこと。それは「**数値に感情を入れる**」です。

「目的地まで、5分です」と言うよりも「目的地まで、**たったの**5分です」と言ったほうが、相手に「近い場所だな」と理解してもらえる。聞く側も、客観的なデータだけではなく、**浅間くんがその数値にどんな感情、意見をもっているのかを聞きたがっている。**これを忘れないようにしてほしいです。

数値だけでサクサクと話が進む方法。それは数値に感情を込めること。やれば、きっと人気ユーチューバーのようなデータの魔術師になれますよ。

STEP 2

「数字」＋「感情」に「信頼」を足そう

【データを信じてもらうスキル】

浅間くん、お手紙ありがとう。高橋ダンさんのユーチューブ、面白いでしょ。数字を使ってものを語るいいお手本です。さて、今回は**「正確なデータを提出しても信じてもらえない」**という悩みですね。私の考えられる範囲でお答えします。

２０２０年は、「数字」に対する信頼が揺らいだ年でした。世界を震撼《しんかん》させた新型コロナウイルス。アメリカでは40万人（２０２１年1月現在）という死者を出しながら、かなりの数の国民が、「コロナウイルスの数値はフェイクだ」と言っています。

同じ年に行われた大統領選挙の投票数についても「フェイク」という声があがった。たとえデータが発表されたとしても、**数値の出どころ、発表者の地位や立場、社会の分断状況などによって「そんな数字はまやかしだ！」と言われてしまう。**それがまかり通る世の中になってしまった。

こうした背景には、ネット内にさまざまな人が、自分の意見に有利なデータを拡散していて、どれがファクトなのかわからない状況があります。だから浅間くんがいくら正確なデータを発表しても、その結果を快く思わない人は、「そんなデータ、あてになるか」と平気で言える。悲しいですね。

悪い面ばかりではありません。データを出せば、疑うことなくありがたがっていることのほうが異常です。面倒な時代になってしまいました。

数字の「出どころ」を正確に語る

さて、どうすればいいでしょうか。ここで哲学者アリストテレスの「弁論術」をひもといてみます。

彼は弁論に大切なことは「**ロゴス**（**論理**）」「**パトス**（**感情**）」「**エトス**（**信頼**）」だと言いました。「数字」を「ロゴス」とすると、前回お話しした「数字＋感情」は「ロゴス」と「パトス」が合わさった状態です。

もうひとつ大切なのは「エトス（信頼）」だとアリストテレスは言うのです。

「信頼」、それはデータの出どころであり、データの取り方、分析した人の数、分析期間、方法、誰が分析したのか。ざっと考えただけでいろいろ浮かびます。これに加えて、「誰が語ったか」も大切な信頼の要素になります。

「そんなデータ、あてになるか」と言い放ち、自分の立場に有利になるデータをネットで拾い放題の今、**力を発揮するのは「エトス（信頼）」です。**


さて人を動かす言葉の作り方です。「『数字』＋『感情』に『信頼』を足せ」です。

いつ、どこで、誰が、どのように調べ、分析したデータなのか。さらにこの結果について信頼できる有識者、専門家は何と言っているか。「エトス（信頼）」を獲得するための要素を前面に打ち出すよう努めてください。

「大きく、わかりやすく」が鉄則

メンタリストＤａｉＧｏさんの語りの大半は、「ペンシルベニア大学で、２０１７

年に行った研究によると」とデータの出典を明確にしてから語りはじめます。

浅間くんもこのクセをつけたほうがいい。**ネットで自分に有利なデータを拾ってきて貼っているだけではないと明確にしましょう。**

投影用の資料を作る際も、グラフの下に小さな文字で調査内容を書くのではなく、別紙に大きな文字でそのデータの出典を書く。この迫力と自信が、相手の攻撃を削《そ》ぐ力になるのです。

これから世界がますます分断していく中にあって、浅間くんが「データ」を武器に戦おうとするならば、数字という「ロゴス」に加えて「感情」の「パトス」、さらには、信頼の「エトス」も身につけていきたい。

「**数字**」＋「**感情**」＋「**信頼**」**をワンセットで考えるようにしてください。**アリストテレスの弁論術に、今こそ学びましょう。

STEP 3

他人の目線になりきってみよう

【「なるほど」と思わせるコツ】

浅間くん、おはようございます。早朝からメッセージ、ありがとう。
「『感情』をつけることも『信頼』を得ることも苦手。だから『数字』だけでサクサク動く理系に憧れた」

という浅間くんのメッセージ、よくわかります。私だって「数字」で語るのが苦手なんで「感情」と「信頼」だけでやっているわけだ。文系の人間だってつらいんだよ。

そこで今日の悩み「**相手にデータを好きになってもらうテクニック**」を教えてほしいという話。まずは、アップル創業者のスティーブ・ジョブズの話をします。

彼は、「**文系と理系の交差点に立てる人にこそ大きな価値がある**」というポラロイド社創業者のエドウィン・ランドのエピソードを読んで、自分もそういう人間になりたいと思ったそうです。

この「交差点に立つ」ことが、今ほど大切な時代はないんじゃないでしょうか。

価値観と価値観の交差点に立つ

文系と理系だけじゃない。世代、地域、性別、環境、貧富、子育てや介護の真っ最中の人、海外で育ってきた人、ネット弱者、さまざまな病気を抱えている人……。そんな人たちから生まれるさまざまな価値観がある。

アメリカのように多くの民族が集まる国なら見た目で違いがわかる。でも日本の場合は、ほぼ単一民族に見えるので、みんな自分と同じ価値観で生きているように思ってしまいます。

でも、日本は今、さまざまな価値観をもった人の集まる「価値観の多民族国家」になっています。**横に座っている人は、浅間くんとは別の価値観をもって生きている。**

そういう認識がないと、数字で語ろうが何を駆使しようが人を説得することはできないんじゃないかな。

本当に説得しようと思うなら、浅間くんも価値観と価値観が行き交う「交差点」に立つべきだ。具体的に言うならば**「なるほど、いろんな考え方があるんだなぁ」と思えること。**

自分の価値観から離れて、別の価値観が交差する場所で安らぎを感じられる人こそが、相手を納得させ、共生する主張を通せるのだと思うのです。

さて、そのために何をすればいいのでしょう。

相手の椅子に座る

これは私が、政治家のスピーチを書くときのやり方です。

自分をスピーチライターに指名してくれた候補者のスピーチを書きます。その後、対立する候補のスピーチも書くのです。

「対抗馬」として書くのではなく、その人に実際に依頼されたと思って書く。これを「相手の椅子に座る」と言います。人を動かす言葉を作る大切な視点です。

浅間くんも、「数字」「データ」で相手を説得したいと思うなら、それに反論する立場の人になりきって、その「データ」を否定するスピーチを練ってみてください。

すると、自分の欠点がわかります。同時に相手の言い分に対して、「こういう考え方もあるのか」と気づきます。**自分と反対者の交差点に立つことで、相手を打ち負かす方法も、対立せずとも受けいれられる箇所が見つかってくるものです。**

こうしてよく相手を理解すれば、思慮深い大人の対応ができるようになる。古い言葉ですが、「汝《なんじ》の敵を知れ」というのは兵法の極意中の極意なのです。

浅間くん、「あいつら何もわかってない」と嘆いたところで状況は1ミリも動きません。それを動かすのは刀を抜くことではなく、相手の椅子に座ることです。

相手の言い分を知ったうえで、ロゴスとパトスとエトスを用いて語ってください。「数字」のわかる君は、未来が約束されているようなものです。成功を祈ってます。

COLUMN

宗像洋一郎のオンライン術

新型コロナウイルスの影響で、オンラインを使った会議や講義が日常化されました。幸い私は、早い次期に専門家のアドバイスを受けたおかげで、今では仕事の90％近くがオンラインになっています。ここでは、私のオンライン術について語ります。

自宅にオンラインスタジオを作る

「大型モニター、専用カメラ、ヘッドフォン、照明を購入して、自宅をオンラインのスタジオにしてください」

まだ世間がオンライン化に躊躇《ちゅうちょ》していた時期に、ITを専門とする後輩から受け取ったメール。そこには、購入すべき機種が貼り付けてありました。

「これからは、リモートが主流になります。スマホやパソコンのカメラで顔だけでっかく映したり、下から撮って鼻の穴ばかり目立たすようないい加減な設定では仕事がなくなります」

実に的確なアドバイスでした。私はすべて買い揃え、観葉植物を背景にしたリモート専用の場所を確保しました。

どこを見て語るか

顔だけでなくバストまで見えるサイズまでカメラを引く。リアルよりも情報が制限されるので、手を動かすことで説得力を増す。「顔だけ大きく映していると、気乗りしてないことや不安などが読み取られてしまいます」と就活中の学生からのアドバイス。

問題は目線です。モニターに自分や人の顔がたくさん映ると、その顔ばかりに目がいってしまいます。

「Ｚｏｏｍなら、ギャラリービューをカメラの下に配置してください。そうすれば、カメラ目線に近くなります。またカメラの横に花でもつけて、目立たせるようにしてください」

というアドバイスを受け、私はカメラの横に大好きなスヌーピーのマスコットを置きました。

カメラは時折見る程度。強調するときは身を乗り出す。足りない情報は、身振り手振りを足していく。

子ども向けのオンライン講義をしていたとき、子どもたちの動きにはっとしました。うなずく角度が大きいこと。共感や感動すると、両手をひらひらと振ってくれます。これは、手話の「拍手」なんだとか。子どもたちは、授業を聞いてその反応を手振り身振りで返す術を学んでいたのです。大人よりもずっとオンライン教育が進んでいるように見えました。私も子どもたちの動きを取り込んでいきました。

話の単位は10分

それにしてもオンラインは疲れます。リアルな会話は三次元なのに対し、モニターは二次元、解像度もよくありません。そこでリアルのような会話をするのです。足りない情報に対し、脳が「こうに違いない」と類推しています。脳が酷使されているんですね。

諸説ありますが、脳が集中できるのは10分程度といわれています。

リモート中はずっとモニターを見ています。どんなにがんばっても10分が限界です。パワーポイントは貼り付けて説明する場合でも、10分以内に収める。続ける場合でも、「ここまででご質問は」「何かご意見ありますか」などと、聞き手とのコミュニケーションをとってからはじめます。

できるなら、会話の調和をはかってくれるコーディネーターをつけたいものです。サッカーでいえばミッドフィルダー。会議全体のバランスを見る司令塔のような役割です。チャットでの書き込みが増えてくると、とても拾いきれなくなる。ここに会議や講義全体をデザインしてくれる人が入ると、参加する側もされる側も集中しやすくなれるのです。ふだんの会議でもこういう役割の人が就くだけオンラインをスムーズに進めることができるようになります。

まだまだ過渡期のオンライン講義。その進歩はすさまじく速く、ここに書いたことも、もう古くなっているかもしれません。その急激な変化についていける自分でありたいと思っています。

LESSON

13

敵をつくらず、言いたいことを言う3大奥義

相談者 ―――― 日吉慶子（36歳）

製薬会社に勤務する日吉さん。元来、内気な性格で、いつも周囲の目を気にしています。会社ばかりか「ママ友」仲間のつきあいもつらい。「その考え方はおかしい」「私は、そんなことやりたくない」と思っても、「私の一言で、子どもがいじめられたらどうしよう」と考えてしまう。子どもの手前、つきあわないわけにもいかないし、かなりの重荷になっています。

意見を言えば、それに反対する人が出てくる。それはわかっていますが、無駄に敵をつくりたくない。SNSにコメントを書くときも、言葉を選んで慎重に書いていま す。でも、そんなことばかりやっていると、当たり障りのないことしか言えない人間になってしまいそうで不安です。

言いたいことは言いたい。でも、人に嫌われたくない。そのためにはどんな工夫の仕方やコツがあるか。宗像さんに質問しました。

STEP 1

書くときも話すときも、肯定文にしよう

【反発されない言葉の作り方】

慶子さん、ていねいなお手紙、ありがとうございました。「ママ友」とのつきあいの様子を拝読し、ご苦労を知りました。息苦しいですね。十分な睡眠と深呼吸、忘れないでください。

「**敵をつくらない文章の書き方**」。これの決め手になるようなコツはありません。そりの合わない人は通常では考えられない些細《ささい》なことでも批判の対象にします。だから絶対的な効果は望めませんが、それでも心がけたほうがいいことはあります。

同じ内容でも伝わり方は違う

今回、お伝えしたい人を動かす方法は、「**いつも『肯定文』で書く、話すことを心**

がける」です。

これは子どもの教育の現場でよく言われる話ですが、

「急がないと、学校に遅れちゃうわよ！　早く！」

「今出れば、学校に間に合うよ！　急いで！」

は、同じことを言っています。でも、伝わってくる感覚にはかなり違いがありますよね。

最初の文章は否定文です。悲観的、かつ上から目線を感じませんか。ふたつめの肯定文は、間に合ったら達成感を感じられそう。言った人が横で応援してくれる感じもします。

私のような原稿を書く仕事では、編集者が横についてくれています。内容やスケジュールのチェックをしてくれます。彼らは、

「24日の締め切りを過ぎると発売が遅れます」

みたいな言い方はしません。

「24日までに書き上げていただければ、なんとか間に合います。楽しみです」

なんて言い方をします。

締め切り日を語っていることに変わりはないけれど、**後者は伴走してくれている。励ましの言葉もかけてくれている。**「よし、書こう！」という気になります。わずかな心がけで、人の心は変わるものなのです。

心には、動詞しか残らない

なぜ、肯定文で話すと、敵をつくらないのでしょうか。

それは、人の心に残るのは、動詞だけだからなのです。先ほどの例でみれば、「急がないと、学校に遅れちゃうわよ！　早く！」は、「遅れる」という言葉だけが、言葉を発した本人と遅刻しそうな人の心に残る。「今出れば、学校に間に合うよ！　急いで！」は、「間に合う」という言葉が残っていきます。

あなたの言葉が、「間に合わない」「うまくいかない」「進まない」といった否定語ばかりだと、それがあなたの印象として相手に残ります。同時に自分で発した言葉にもかかわらず、自分の心にも否定語が蓄積されてしまうのです。

いい人間関係をつくるには、肯定的な言葉、特に動詞を意識して使うようにしましょう。

それでは否定語には使い道がないのでしょうか。そんなことはありません。

子どもが入ってはいけない庭園に入ろうとしたときは、「この庭園に入ってはいけません！」と言ったほうが早いし効果がある。どんな人間にだって、強く言わなくてはいけないときがあります。

普段は肯定語ばかりのあなたが「入るな！」とすごい剣幕《けんまく》で怒る。「ふだん温和な日吉さんが、あんなに怒っている。よほどいけないことなのね」と相手に思わせる。否定語も効果的に使っていきましょうね。

STEP 2

悪感情を文章から引こう

【自制の利いた文章の書き方】

慶子さん、お手紙ありがとうございます。「調べてみたら、自分の書いた文章は否定語が多かった」とのこと。大抵の人はそうなんです。否定語のほうが、強いインパクトで伝わる気がします。また、書く人が心配性だったりイライラしていると、その気持ちを伝えたくて否定語で書いてしまいがちです。気をつけたいですね。

話を進めましょう。**「自制の利いた文章の書き方」**を掘り下げていきます。

文章マイナス悪感情

慶子さんも「夜に書いた手紙は出すな」という言葉を聞いたことがあるでしょう。

夜になると自制心が目減りして、感情の高まりを抑えることができません。朝、理性と感情がリセットされた状態で読み返すと、「これは独りよがりだ」「あまりにデリカシーがない」と気づきます。

この感覚を日頃文章を書くときにも応用したいものです。

誰かのメールを読んで、カチンとくることがある。すると返事に非難めいた一言や皮肉のひとつも入れたくなるのが人情です。

誰かのコメント欄に投稿する。つい目立ちたくなったり、承認欲求を満たしたい気持ちが先立って、自分を盛ってしまう。私もよくやってしまいます。

こうした文章はすべて、自制心を失った「夜の文章」です。投稿する前に、朝起きて手紙を読み返す気分でもう一度眺めてみてください。

無駄な戦いを自分から仕掛けてないでしょうか。身の丈以上のことを書いて虚栄を張ってないでしょうか。

今回、慶子さんに伝えたいのはこのポイントです。「文章マイナス悪感情」、自分の文章を再読し、感情的な言葉、皮肉、自慢、誇張などが混じってないかをチェックする。そして、その部分を引いて、**自制の利いた「朝の文章」に書き換える。**俗に「クソリプ」と言われる愚問、自己チュー、偏見、誤解、難癖、煽《あお》り、暴言などを慶子さんが書くとは思えません。しかし、人間は弱いもので、そんなことを書こうと思わなくても、気分次第でどうしても「夜の文章」になってしまいます。

大切なのは、書いたあとで読み返すことです。最低でも3分経ってから送信しましょう。

文章プラス好感情

では、もっと好感のもてる文章を書くにはどうしたらいいでしょうか。それは、「うれしい」「楽しい」「面白い」「美味《おい》しい」など、あなたが抱いた好感情を文章にプラスすること。

それも、定型的にいつも「うれしい」と言うのではなく、「ウキウキする」「心が躍る」「時間を忘れる」「エキサイティング」「元気をもらう」「明るい気持ちになる」というようなポジティブ表現をたくさん仕込んでおきましょう。**これを入れると「朝の**

文章」が日の光でポカポカする「昼の文章」になります。

「メッセージありがとうございました。（なかなか返事がこなかったのでイライラした……とは書かず）お忙しいようですね。先ほどメッセージを受け取って、パッと心が華やぎました」

とこんな感じ。

中田敦彦さんの「ＹｏｕＴｕｂｅ大学」。彼は講義の最中に、しょっちゅう「面白いですねぇ」「面白くない?」と言ってます。こう言われると「確かに面白い!」と思うのが人間です。自分に取り入れたいものですね。

自分の書いた文章が「夜の文章」か「朝の文章」か「昼の文章」か。こまめにチェックしてくださいね。

STEP 3

相手との接し方を自分と約束しよう

【ストレスのない人づきあい】

慶子さん、全文章、肯定文。しかも「昼の文章」。見事なお手紙でした。ありがとう。

しかし、慶子さんが書かれているように、いくらこちらが「肯定文」「朝の文章」「昼の文章」と心を尽くしても通じない人がいます。SNSに書き込んでくる文章なら、無視も削除もできますが、リアルな人間関係では、そうはいかない。今回は「**イヤな人とのつきあい方**」を考えましょう。

「放置」でいちいち傷つかない

会社で上から目線で叱りつける上司や、マウントをとろうとするママ友など、本来はつきあいたくない人たち。そんな人たちをこれ以上敵に回さない文章を書き、語るにはどうすればいいでしょう。

まずやるべきことは、相手に対する悪い感情を一度捨てることです。宗教の言葉で言えば「**赦《ゆる》す**」ということ。それができなければ、いったん放置するのもいいでしょう。

「あの裏切りは許せない！」と熱くなっている気持ちを捨て、相手を赦す。あるいはその気持ちをいったん棚において放っておく。これをしないと、文章を書くにも、話すにもしょっちゅう気持ちを蒸し返して嫌悪を増幅させることになるからです。それは時間の無駄です。精神衛生上もよくない。

コツは、**その人の家族や親や友人のことを考える。**こうした輩《やから》の側に立って、「あの人の立場に立てば、そんな気持ちになるのもわかるよな」と思えるほど普通の人は人間ができていません。こうした怒りを抑えるのに最適な感情は「憐憫《れんびん》の情」です。あわれむことです。

「この人もきっと家族がいるだろうに、かわいそうなことだ」と思って、赦す、放置

する。これ以上敵に回さないために、悪感情のループから抜け出す工夫をしてください。

「一線を引く」と決める

その次です。**その人との人間関係について、自分なりのルールを決めます。**嫌な気持ちになるには、何か原因があったはず。罪をなすりつけられたり、プライバシーに踏み込まれたりといろいろあるはずです。それを思い出して、「この人とはプライベートなことは一切話さない」「文章を書くときには、裏切られても証拠が残るような書き方をする」と、相手との接し方を自分と約束する。「一線を引く」と決めてください。

私がよくやるのは「前にあなたが『〜と言っていた』ように」と、過去に相手が言った言葉を引用して文章を書くこと。**相手の言葉を引用して書くと、相手も無闇に批判しにくくなります。**

あなたは自分が決めたルールを守って行動し、自分との約束を守るだけ。新しい事態が起きたら、またルールを書き直して話し方、書き方を工夫すればいいのです。

私たちは、どこかで「言えばわかってもらえる」と思っています。しかし世の中は甘いものではなく、人によって価値観、善悪、好悪、損得の感覚は皆違うのです。**万人に好かれる文章や話し方なんて便利なものはないと考えてください。**

あるのは、相手との気持ちのいい距離感とルールです。それをさまざまな人との間で取り決めて、守ることが好感度の高い文章だと思うのです。

人との距離をはかること。自分の決めたルールを守ること。今日からぜひ、やってみてください。

LESSON

14

自分の殻を破ることができる「断り方」のコツ

相談者 ―――― 宇佐美麻菜（29歳）

新聞社で契約社員として働いている宇佐美さん。1年を過ぎて仕事にも慣れてきました。前の職場と同じ「会計職」なので、システムの違いさえ飲み込めばあとは簡単です。

問題は、人間関係です。帰る時間になって、「ごめん、これだけやっといて」と言われます。お弁当をもってきているのに、「ランチに行こうよ」と誘われて、断れません。あとで「つきあいが悪い」と噂されるのが恐ろしいのです。思えば前職でも、「断る」ことができずに、会社に行くのが嫌になってしまいました。

「断る勇気をもちたい」、そう思って何冊も本を読んだけれど、行動に移せませんでした。厳しい家庭で育ち、親に口答えすることなく育ったことが、仇《あだ》になっているのかなと考えたりもします。

宇佐美さんが身につけたい言葉は、たったひとつだけ。それは「ＮＯ！」です。宗像さんに「断る勇気」を得る方法を尋ねました。

STEP 1

小さなことから別の自分を試そう

【断る勇気の育て方】

麻菜さん、お手紙ありがとうございます。断ることができなくて、やりたくないことを引き受けてしまう。こういう人が増えている背景には、日本に蔓延《まんえん》する「同調圧力」の空気があるのでしょう。

「断る」行為を、わがまま、冷たい、タカビシャ、上から目線と言い、断られた人がまるで被害者のような言葉をあちこちに拡散する。こうした感情が職場にも学校にも渦巻いています。生きにくい世の中だよね。

さて、今回の質問は「**心が弱いので断る勇気を育てたい**」ですね。では、考えていきましょう。

人間は多面体でできている

麻菜さんは「私は心が弱い」と書きました。果たしてそうでしょうか。人間ってそんなに単純なものでしょうか。日本では人見知りな性格だった人が、海外で生活をしたら別人のように変わったなんて例はごまんとあります。学校や職場が変わるだけでも別人のようになる人はいます。もちろん、基本的な性格はあるでしょうが、それよりも環境や思い込みで自分の性格を決めていることが多いのです。

麻菜さんは、「多面体」ってわかるよね。４つ以上の面で囲まれた立体だね。私は人の性格は「多面体」でできていると思っています。

「積極的な人間」と「消極的な人間」がいるのではなく、「積極的な一面」と「消極的な一面」を同時にもっているということ。「断る勇気」のない弱気な一面があると同時に、クールに断ることのできる面も持っている。麻菜さんが「心が弱い」と思っている性格もたくさんあるうちの一面でしかない。一度、こんなふうに考えてほしいんだ。

「私は〜しません」を活用する

自分を「多面体」だと思えたら、それをごろりと動かして麻菜さんの違う一面を出してみよう。たとえば「自己主張する一面」が出たとする。さっそく、この面の自分を演じてみよう。

まずは、小さなことからはじめること。簡単に成功できるところからはじめましょう。

コンビニで「お弁当にお箸をつけますか」と言われる。

このとき、自己主張するつもりで**「いりません」とはっきり答えてみる。**

お店で会計していたら、店のポイントカードを作ることを勧められた。

このときも、自己主張だと思って、**「私には必要ありません」と堂々と答える。**

慣れてきたら、少しずつ「断る」場所を増やしていこう。コツは、あたまに「ありがとう」をつけること。「ありがとう。でも、私には必要ありません」と言えば相手も嫌な気はしない。さらに「私」という主語を入れると「断っているのは自分だ！」という意識が高くなる。

「ありがとう。でも私は、〜しません」

と言える場所を、住む地域や家族や親しい友人の中から増やしていく。続けていれば「多面体」の中の「自己主張する一面」が麻菜さんに定着していきます。

麻菜さん。言葉には人を動かす力があります。その中で**一番動かしにくいのが自分なんです。**

思い込み、レッテル貼りなどで凝《こ》り固まっている。それを動かす言葉を自分に浴びせる。「ありがとう。でも私は〜しません」という言葉を用いて、自己主張できる自分へと動かしていく。こういう練習を重ねることで、「断る勇気」は育っていきます。

まずは、近くのコンビニやお気に入りのカフェから「自己主張する一面」を作りはじめましょう。

STEP 2

断り方のパターンを使いこなそう

【一生使える「お断り表現」】

麻菜さん、カフェの写真、ありがとう。少しずつ「自己主張する一面」が広がってきたと聞いて、こちらもうれしくなりました。

さて、今回は**「悩まなくてもいいように、断り方をパターン化してもらえないか」**というお話ですね。そうだね。毎回「どう言えばわかってもらえるだろう」「どう言えば相手が傷ついたり、怒ったりしないだろう」と考えるのは大変なことだからね。

「ポポネポの法則」をマスターする

断り方のパターンについて、話しましょう。

私は、人を傷つけずに相手に自分の意見を言うパターンとして「ポポネポの法則」

というものを勧めています。

ポは、ポジティブなこと。ネは、ネガティブなこと。

ポポネポだから、「ポジティブ、ポジティブ、ネガティブ、ポジティブ」。この順番だと厳しい話でも相手の心象を著しく損ねることはありません。これを「断る」場合にも応用してみましょう。

例として、職場の先輩から会食に誘われたのを断るとしましょう。「ポポネポの法則」を使えば……

ポ　ありがとうございます！

ポ　お誘いとってもうれしいです。

ネ　でも、どうしても今日中に終わらせなければいけない仕事があるので、申し訳ございません。

ポ　また、誘ってください！

となります。次回誘われたくない場合は、最後の「ポ」の部分を「また、誘ってください！」ではなく「お誘い、とってもうれしかったです！」に変えるのもいいでしょう。このあたりは臨機応変にお願いします。

「謝罪・感謝・理由・代案」の順番で話そう

もうひとつパターンを考えます。「ポポネポの法則」よりビジネスの現場で使える実践的な断り方です。

忙しくしている麻菜さんに、上司が新しい仕事を頼みたいと言ってきました。麻菜さんにははじめての仕事です。今それにとりかかれる余裕と自信がありません。こうしたビジネスの場では、はっきりと意思が伝わるようにしたいものです。

パターンは「謝罪・感謝・理由・代案」です。

謝罪　ごめんなさい。ちょっと……

感謝　誘っていただいて本当にうれしいのですが……

理由　私には、先に片づける仕事が入っています。はじめての仕事をやるゆとりがありません。

代案　4日過ぎなら時間に余裕ができます。それまでは申し訳ございません。

「ちょっと……」のあとに「間《ま》」をとるのがコツです。相手に「あぁ、断るんだな」と考えさせる「間」と、よくよく考えてのことだと感じさせるための「間」です。

また、理由の中の「私には、先に片づける仕事が入っています」は、外からの事情で断る（外敵要因）。「はじめての仕事をやるゆとりがありません」は、自分の思いによって断る（内的要因）です。

「ゆとりがない」「自信がない」などの思いを語る「内的要因」を語るのは難しいかもしれません。**はじめは自分ではどうしようもない事情で断ることからはじめて、だんだんと自分の思いで断れるようにしていく**のが理想です。急ぐ必要はありません。まずはパターンを覚えて、だんだんと自分が使いやすいように直していってください。

STEP 3

自分を追い詰めるのはもうやめにしよう

【いちいち気にしない方法】

麻菜さん、さっそくのメール、ありがとうございます。「『ポポネポの法則』を使っている」という文言を読み、うれしく思ってます。

さて、今回の相談です。断った結果、**「人から怒られたり、非難されても平常心を保つコツ」**ですね。うーむ。これは本当に難しい質問ですね。しかし、ちょっとしたことで、イジメにあったり炎上する昨今、人から嫌われたときのことも考えておく必要は確かにありますね。

要するに、大したことじゃない

人から非難されたり叱責《しっせき》されると、多くの人が「私の言い方が悪かったんだ」と自分を責めてしまいます。でも、これは危険です。**非難の言葉は、責めれば責めるほど強くなる。**自分自身が「わかったよ、全部私が悪いんでしょ！」「もう、オレがいなくなればいいんだろ！」と自暴自棄《じぼうじき》になるまで、自分は自分に手加減しません。これに対抗する言葉をもたなければ、自分を追い詰めてしまいます。

私が誹謗《ひぼう》中傷を浴びせられたとき、救ってくれた言葉がありました。

「要するに、大したことじゃない」

中国の作家、林語堂《りんごどう》氏の言葉を哲学者、森本哲郎さんが訳した言葉です。

いろいろなことがあった。さまざまな思いもある。**それら全部を「要するに」という言葉にまとめて、「大したことじゃない」と言い放つ。**私はこの言葉に何度助けられたことか。炎上したときも、がんの宣告を受けたときも、「要するに、大したことじゃない」と叫ぶことで、自分の心を粉々にする方向へと動こうとする力を止めてきました。

麻菜さん、**言葉で人を動かすことも大切ですが、言葉で自分を止めることも大事な**

のです。つらいことがあったときは、「大丈夫」「大したことじゃない」「なるようになるさ」なんて言葉がすぐ出るようにする。そしてあれこれ悩みはじめたら、「要するに、大したことじゃない」と言い放つようにしましょう。

身体に近い言葉をつぶやく

そしてもうひとつ、叱責や非難によって自分が苦しんでいるときに使う言葉について語りましょう。

苦しいときは、「どうせ、私なんか」「もう私は」なんて**ネガティブな言葉につらなる言葉を使わないようにする。**同時に、「私は元気だ」「私は運がいい」などと**無理にポジティブな言葉を使うこともよくありません。**言葉が立派すぎて、現実との差が大きすぎる。こうなると余計に落ち込んでしまうものです。

心が萎縮《いしゅく》して、自分がコントロールできなくなったとき、お勧めしたいのは、**身体が喜ぶ言葉を声に出す**という方法です。

ご飯を食べて**「おいしい」**
お風呂に入って**「気持ちいい」**
布団に入って**「あったかい」**

と、身体がホッとしている状態を口に出していうこと。身体に集中し、身体が喜ぶことをして、その状態を口に出す。

「自分を褒めよう」「自己肯定感を強くしよう」と言っても簡単にできるものではありません。まずは自分の身体を愛《いと》おしむことです。

少し元気が出てきたら、戸外に出て「気持ちいい」、動画を見て「おもしろい」、人に会って「楽しい」という言葉を口に出せるようにしていく。自分を動かすのも言葉の力です。

いずれにせよ「断る」のは、タフなコミュニケーション力を必要とします。身につけば、人を動かす力と麻菜さん自身の人生が変わるはずです。

LESSON

15

人に嫌われない「話し方」を手に入れる方法

相談者――――秋葉さとみ（29歳）

総合商社に勤める秋葉さんは、歯に衣着せるのが大嫌い。言いたいことは、ストレートに言うことを信条にしてきました。ところが、最近、下からは「こわい」と言われ、上からは「言葉がきつい」と顔をしかめられる。「上から目線だ」とも言われます。海外の人と英語でやりとりしているときにはこんなことを言われないのに、日本人と話すと「さとみさんは、強いから」と言われます。

「日本人は、はっきりモノを言うことを避けすぎる。だからいろんなことが進まないんだ」とカリカリするばかり。しかし、よく周囲を見ると、大きなプロジェクトからは何気なくはずされはじめている。「きつい印象」を与える言い方を変えていかないと孤立してしまいそう。

言いたいことは言う。しかし、「きつい印象」は残さない。ストレートだけどフレンドリィな話し方を身につけたい。そんなことを考えて、宗像さんにメッセージを送りました。

STEP 1

弱さをさらけ出す勇気をもとう

【上から目線にならない語り方】

さとみさん、メッセージをありがとう。気《き》っ風《ぷ》のいい文章。確かにストレートなもの言いですね。

しかし、「いつも上から目線でしゃべる」と言われるのはつらいですね。自分ではタカビシャに語っているつもりはないのに、人はマウントされているように感じる。

何とかしましょう。

人に自慢話ととられてないか

まずは、「**上から目線と言われない語り方**」を考えていきましょう。

さとみさんは、私へのメッセージの中に、

「日本人は、はっきりものを言うことを避けすぎる。だからいろんなことが進まないんだ」

と書かれました。これは、「海外生活を経験している私から見れば（肯定的な自己体験）、日本人のこんなところがダメだ（現状批判）」という構図です。

「上から目線」と言われる人の話し方を分析すると、

「肯定的な自己体験＋現状批判」

という構図をとっていることが多いようです。上司が、

「俺たちが若かった頃は、徹夜で仕事をしたもんだ（肯定的な自己体験）。今の若い子は、仕事に対する執着がない（現状批判）」

と言う。よく見ると、「肯定的な自己体験」、もう少しわかりやすく言えば、**「人から自慢話に聞こえる部分」が、「上から目線」になる源なのです。**

さとみさんからすれば、海外経験を自慢話と思われるのは心外でしょう。しかし、

それを感じるのは、さとみさんではなく相手です。
海外経験に限りません。生まれ、学歴、仕事の内容などが「自慢話」に聞こえてしまうことは多々あります。面倒ですね。

目線を下げる→弱みを見せる

では、どうすればいいか。「弱みを見せる」ことです。
「自分にもこんな弱い面がある」「こんな手痛い失敗をした」と語る。**「肯定的な自己体験」を「否定的な自己体験」に変える。** つまり「自慢話」ではなく「失敗談」を頭に置いて話すようにします。

「『日本人は、はっきりものを言うことを避けすぎる』と私もよく海外で言われたの。悔しかった。だから、いろいろなことを早く進められる方法を考えたいんです」

となる。忘れてはいけないのは、自分の言葉で「人が動きたくなること」です。

「上から目線」と感じさせず、「あぁ、さとみさんでも失敗するんだな」と共感をもってもらうことです。

「しくじり先生 俺みたいになるな!!」(テレビ朝日系)という人気番組があります。タレントさんが、成功し、傲慢《ごうまん》になったがために転落していく自身の人生を語ります。

その失敗談を聞いていると、「この人は修羅場をくぐって強くなったんだ」と知らず知らずのうちに共感してしまう。「弱さ」をさらすことで「親近感」や「信頼感」が醸成《じょうせい》されます。「強さ」が出ます。**自分を守るためだけの「きつい言葉」が、身体を通して学びとった「強い言葉」に変わるのです。**

さとみさんも、自分の「弱み」に注目してください。成功者、上に立つ人間の多くは、「弱み」を武器にしています。「上から目線」と煙《けむ》たがられずに、人を動かす力をもつ。その秘訣は、「弱み」を見せることです。

さとみさんも自分の失敗談をたくさん思い出してみましょう。それが人との距離を縮めるための種になります。大切に育ててくださいね。

STEP 2

「考えた言葉」を使うようにしよう

【言葉がきつい人の共通点】

さとみさん、メールをありがとう。「自分の発言が自慢話に聞こえていたなんて、びっくりした」の一文。これまたさとみさんらしく、ストレートだと好感がもてました。

さて、今回は**「相手にきついと思われないしゃべり方」**というさとみさんの質問に答えていきましょう。

ただの「感じた言葉」になっていないか

まず「きつい言葉」が出てしまう背景には、「相手を自分より下に見ている気持ち」があります。ここをなんとかしないで、言葉尻だけおだやかにしても意味がありません。

これは会話の基本ですが、「**相手を尊敬すること**」です。伝統あるオックスフォード大学では、小さな子どもであっても「人格をもった完成された人間として対峙《たいじ》せよ」と教えていると仲のいい先生が教えてくれました。この気持ちを誰に対してももちたいものです。しっかり意識すれば、即座に言葉はおだやかになります。

次は、少々感覚的な話です。昔は「怒る」ことを、「腹を立てる」と言いました。それが胸にまで悪感情がきたら「むかつく」と反応するようになりました。

さらに「切れる」という単語が出てきた。これは頭でちょっと反応したら、即座に怒り出すイメージです。その言葉を吟味《ぎんみ》してから反応しようとせず、感情反応だけで答えてしまう。

ユダヤのことわざに「自分の言葉を、自分が渡る橋だと思いなさい」というのがあります。**話す前に、自分の言葉を選ぶ。**この意識が働くようになると、勢いで攻撃することが減るはずです。

ゆっくりと、間《ま》をおいて、腹から声を出して「感じた言葉」ではなく「考えた言葉」で語ることできるようになります。

4秒で別人のように変われる

2006年、難解なことで有名な『カラマーゾフの兄弟』（ドストエフスキー）が大ブームになりました。訳したのは、東京外国語大学学長だった亀山郁夫先生。SNSで語られる生きた日本語を参考にしながら、読みやすく、親しみやすい『カラマーゾフの兄弟』に仕上げたのです。

私は当時、社内報の編集に携わっていました。そこで亀山先生にインタビューする機会を得たのです。そのとき先生が語られた言葉の中に非常に印象深いものがありました。

登場人物の口調を見事に描き分けていく翻訳の中で、神々《こうごう》しい言葉を放つロシア正教会の長老ゾシマの言葉について質問したところ、「長老の言葉となると今までなら『わしは』『そうじゃ』などと訳すのが普通でした。しかし、**本当に知的レベルの高い人、たとえば大江健三郎や吉田秀和などの言葉は、ものすごく優しい。**女性的と言ってもいいくらいです」と語ってくれました。

ムカッときた、カッとなった、イラついた、カチンときた、ザワッとした、しゃくに障《さわ》ると感じたことをそのまま口にすれば、余計に人の反感を買う言葉が口から出てしまう。それを「正直な人間」のようにいう人もいるけれど、言葉を通じて暮らす社会にあっては稚拙《ちせつ》な表現といわざるをえません。

「感じた言葉」が口から出そうになったとき、4秒ほど押し黙るだけでも、出てくる言葉、声のトーンのやわらかさが変わります。身体を通したおだやかな言葉で語れるようになります。

世の中で最も大切なのは、今、目の前にいる人です。人間関係をよくするためにはまず、目の前の人と身体を通した言葉でしゃべることです。ぜひ、試してください。

STEP 3

語尾をやわらかくする工夫をしよう

【おだやかに語る秘訣】

さとみさん、今回も速攻のメール。仕事ができる人は返信も速いね。「イラッとした気持ちを4秒待つのは、つらかった。余計に怒りがこみ上げてくることもありました」という一文。息を詰めてしまったんじゃないかな。

4秒待つ間、呼吸を深くしてください。それでも怒りが収まらないときは、天を見上げて目を閉じて、脳を休ませてあげるといいよ。

さて、今日は「**きつい言葉をやわらかくする方法**」について、具体的に話していきましょう。

決めつけ言葉は、きつめの言葉

まず、さとみさんに伝えたいのは、**きつい言葉は語尾に出る**ということ。「〜して」「〜しなさい」「〜すべきです」「〜なんてありえないでしょ」「〜じゃないとダメだから」……ね、上にくる内容がなんであれ、語尾が決めつけや命令になっているときつい印象を残してしまいます。言葉の刃は、語尾についているんだよ。

私の友人が、若くして週刊誌の編集長になったとき、まず工夫したのが、メールに書く文章の語尾だと話してくれました。

かなりきつい口調の人だったけれど、「〜してください」と書くところを「〜してもらえますか?」と疑問形に語尾を変えたそうです。内容は同じだけれど、**「命令口調」**から**「お願い口調」**に変えた。また「〜です」と自分ではもう決めているものをわざと「〜ですよね」と**「確信口調」**から**「確認口調」**に変えたとか。これだけで、部下が積極的に返信してくれるようになったそうです。

さらには「つらいよねぇ〜」とか「がんばろう〜」とか「〜」で終わる口語口調を足して文章にやわらかさをつけていった。やりすぎると魂胆が見えてしまうので気をつけなければいけない。でも、言葉がきついと感じている人はやる価値があると思う。

また、相手が「きつい」と感じるのは一方的な「決めつけ言葉」です。「当然じゃないですか」「違うでしょ！」「そんなのダメですよ」「何言ってるんですか！」「ちゃんとやってください」なんてね。

確かにこう言いたくなる気持ちもわかるけれど、こうした言葉は多分に自分の主観が入っている。「当然じゃないですか」と自分は思っているけれど、相手にとっては「当然」ではない事情がある。

こういうときには、人に「当然じゃないか！」と迫るのではなく、**「私からすると、当然のことに思えます」と自分の主観であるニュアンスをつける。**こうすると言葉の刃は随分丸くなります。決めつけ言葉は、きつめの言葉と心得ましょう。

「今の言葉、少し傷つきました」

最後に相手も強い言葉で迫ってきたときの攻略法を教えます。

あなたの言葉が、私にどんな感情を抱かせたのか宣言する。

「私、今の言葉に、少し傷つきました」
「今の言い方、ショックです」
「まさか、そんなふうに思われていたなんて思いませんでした。少し驚いています」

こう言われた相手は「傷つくなんて、おかしい」「ショックだなんてどうかしている」とは言えません。**人の感情がどう動いたかまで否定したり、ねじ曲げたりはできないからです。**相手を傷つけた自分の言葉を、反省するしかなくなります。反省しないまでも、「今のままのペースでしゃべるのはやばいな」くらいのことは思うでしょう。

言い方は、あくまで冷静に。自分の感情を自分で見つめ、**「私の心は今の言葉で傷ついたようだとあなたに報告します」と冷《さ》めた調子で言う**ほうが効果があります。相手もテンションを下げざるをえないからです。

相手の強い言葉を交わすには、「悲しいです」「信じられない気持ちです」などと今の感情を言語化してみましょう。きっと気持ちのいい距離感で話し合えるようになりますよ。

COLUMN

宗像洋一郎の相談術

スピーチライターの仕事は、聴衆の心を揺さぶる文章を書くだけではありません。依頼主になりきって、言葉の相談を受けることも重要な仕事です。もやもやしている気持ちや悩みごとを解決するのに最適な場所に質問やアドバイスを投げる。依頼主は、それを打ち返しながら自分の考えをまとめる。これを何時間も続けていきます。

この仕事に加えて、企業、行政、大学、小中学校で言葉に関する講義をしていると、さらに多様な相談を受けることになります。政治家の「次期選挙で訴えるべきこと」から、小学生の母親の「ご飯を食べるのが遅くて、給食の時間に食べきれない」みたいなものまで。そこに優劣はありません。その人の悩みを解決するためのアシストパスになるアドバイスを返していく。うまく返せないことも多々ありますが、その時点で自分の考えるベストな球を相手に投げ込もうと思っています。

相談に応える基本フォーマット

相談に関して参考になったのは、心理学者アドラーの言葉でした。彼の唱える「勇気づけ」、自分で自分の課題を解決する勇気をもたせること。私のアドバイスですべてが解決することなどありえません。自分で解決する勇気をもたなければ、結局は人頼みになるばかり。依存型の人間になってしまいます。

そこで私は、この「勇気づけ」に行き着くまでの流れをアドラーの言葉を借りながらフォーマットにしています。

共感→受容→提案→励まし

という順番で話しています。

まずは「共感」。簡単にいえば、「その気持ち、わかるよ」と目線をそろえること。相談相手がどんな地位の高い人でも媚《こ》びることなく、小さな子どもであっても上から目線にならない。まずは、その悩みに共感するところから相談をはじめます。

次に「受容」。これは単に受け入れるだけでなく、自分の経験の中で似たような気持ちになったときのことを探して、「実は僕にもこんなことがあったんだ」と相手の悩みと似た経験を思い出し、その当時の気分に浸《ひた》ります。当然、相談者とぴったり同じ経験などありえません。しかし、「お前の話はとっちらかっていて、何を言ってるのかさっぱりわからない」と言われたり、何度出しても企画が通らず、人を羨《うらや》んだ経験なんていくらでもある。そのときの状況をありありと思い出し、どうやってその危機を抜け出したのか、真剣に考えます。

３つ目は、「提案」。自分が過去に似たような事例を乗り切った経験。苦しいときに人にかけてもらった言葉。本で知り、試してみたらうまくいったノウハウを思い出して、相談者に「こうしてみたらどうかな？」と具体的な行動のアドバイスをする。けっして大きなトライを必要とするようなものではありません。「ちょっとやってみようかな」と思う程度。「失敗しても苦にならない」程度のコツやノウハウを教えます。

最後は「励まし」です。これもまた、押しつけや上から目線にならないように。うまくいって成功している姿が想像できるように励ましていく。

・その気持ち、わかるよ。（共感）
・私も似たようなことがあったね。（受容）
・まずは、こんなことからはじめてみない？（提案）
・うまくいったらこんな世界がひろがるよ（励まし）

この4つの項目に沿って、相談を進めていきます。

もちろん、今回この本に出てくる相談者に対し、すべてこのフォーマットに沿ってこたえているわけではありません。本の特性上、「提案」のところに時間を割《さ》くようにしました。しかし、手紙やメールに書いてないだけで、基本は共感し、受容してから提案し、最後に一行でも励ましの言葉をいれる。すべてこのフォーマットに沿って返事を書くようにしています。

何よりも大切なことは、すべての手紙やメールは、ラブレターだと心得ること。相談というのは「精神のスキンシップ」です。相談者になるのは大変なこと。しかし相談に乗ること以上のコミュニケーションを私は知りません。

LESSON

16

一回り年下の部下との「接し方」鉄板ルール

相談者 ―――― 熊野夏彦（44歳）

熊野さんは、リフォーム会社の営業部長。部下が13人います。

「中間層がみんな辞めてしまい、部下は一回り下ばかりです。コミュニケーションの取り方がわかりません。物足りないくらい静かなんだけれど、何を聞いても『大丈夫です』と言うだけ。何が大丈夫なのかさっぱりわかりません」

部下とコミュニケーションをとれるようになりたい。熊野さんの願いはこれに尽きます。

「周囲をみれば、自分と同年齢なのに年下の部下とうまくやっている人もいる。今の若い子が好きそうなものを勉強もしているし、コミュニケーションに関する本も読んだ。しかし、それを実践すると鼻白《はなじろ》んだような顔をする。打ち合わせの大半は彼らから送られてくる大量のメールを読むばかり。人間不信に陥っています」

そう語る熊野さんは、若者とのコミュニケーションについて、宗像さんに質問しました。

STEP 1

仲間意識は横に置こう

【部下とのコミュニケーション】

熊野さん、「**一回りも若い部下とのコミュニケーションのとり方を教えてほしい**」、なるほど、大変ですね。しかしメールを拝読し、ちょっと肩に力が入りすぎているんじゃないかなと思いました。

相手に合わせることはできないし、その必要もないですよ。

無理して若者の言葉を使わない

私が現在大学で教えている学生とは、かなりの年齢差があります。無理して「やばい！」と言ってみたら、こう言い返されました。

「先生の使ってる『やばい』は意味がわかりません。『やばい』はイントネーションによって意味が変わるんです。『やばい』を『おいしい！』の意味で使うことがあります。そこにもニュアンスがあって、自分がおいしいと思った感想は、『うま！』。おいしいから早く食べてみて！　と人に勧める気持ちがあると『やば！』になる。『やば、わら！』は少しバカにした言い方になります」

学生の話では、熊野さんが**部下に言われる「大丈夫です」は、否定の意味。**「かかわらないで」というニュアンスだそうです。

仲間との関係が深まれば、言葉はハイコンテクストになる。会話の前提となる環境が近いために「以心伝心」の要素が強くなります。

コミュニケーションをとろうと勉強して彼らの仲間に入ろうとしても、それは無理。**彼らは私たちを「仲間」とはなかなか認めてくれません。**でも、無理して入る必要もありません。

上司風を吹かさない

私は、学生や若い人と接するときに、決めていることがあります。それは、「**プライバシーに触れるな**」ということ。その人の生い立ちや生活周辺のことはもちろん、性格や人格についての話もしない。ここに一線を引きます。

「上司」はつい部下を教育しようとします。日々の生活を心配します。またひと昔前のように飲みにいける仲間になりたいと考えます。**こういう気持ちになると、必ず仕事を離れて、相手のプライバシーに踏み込むことになる。**そのデリカシーのなさを疎《うと》んじる若い世代がたくさんいるのです。

ひと昔前は、会社の人間関係が生活の大部分を占めていました。しかし、バーチャルの中で人脈が形成され、さまざまなコミュニティができ、さらには会社員でも副業が当たり前になりつつある世の中にあって、**会社の人間関係は、その人にとっての一部に過ぎません。**

彼らは悩みを相談する相手も、心を開いて飲みにいく相手ももっている。会社は、自分のスキルアップをし、お金を稼ぐ場だと考える人が非常に多いのです。必要以上にプライバシーを詮索《せんさく》され、「あいつのこんなところまで知っている私」なんて感覚で上司面されることを嫌がるのです。つまり、上司風を吹かさないことです。

仕事の話、若い人のスキルアップ向上、および組織に関する相談について語るのは大いに結構。しかし、プライベートなことは相手が語り出すまで、こちらから詮索しない。もちろんセクハラやパワハラはもってのほかです。ぜひ、心得てください。

STEP 2

聞いてもらいたい欲を抑えよう

【話を聞きたくなる会話術】

拝復。「相手のことを気づかうあまり、ついプライベートなことを聞こうとしていたかもしれません」という一文。仕方ないことです。

熊野さんが若い頃は、仕事のあとに上司と飲みにいき、プライベートを語るのが当たり前だった。それを通じて紐帯《ちゅうたい》を強くしていく人間関係が当たり前でしたからね。今もそういう人がいないとは言いきれないけれど、マイノリティになってきたことは確かです。

さて今回は、「**朝礼や定例会の冒頭などでどんな話をすれば、若い人に聞いてもらえるか**」という相談ですね。承知しました。これを語るにあたり、人が聞きたくない話が何かを明確にしましょう。

自分の過去は語らない

まずは、上司の自慢話です。昔の成功体験を持ちだして、どれだけの困難を乗り切ったか。上司はこの話はきっと部下の参考になると思って話すのでしょう。しかし、**スマートフォンが登場して、仕事もライフスタイルも激変する前の成功体験は、本人が思うほど部下にとっては参考になりません。**

もうひとつは「自分語り」です。人は自分の話を聞いてもらうのが大好きな生き物。自分の話をすることで、自分がオープンな性格であることを示したいもの。しかし、これは職場で話すことではありません。

この手の話をしはじめてしまったときは、「この話、相手は最低でも3回は聞いている」と自分を戒め、すぐに収束をはかってください。「自慢話」と「自分語り」、つまり、自分の過去は語らないことです。

語るなら「失敗談」にするべきです。そのほうが相手にとっては有益です。

話は相手に対する贈り物

さて、熊野さんに伝えたい朝礼や定例会の冒頭で話す内容です。それは「**相手がすぐに『やってみたい』と思う有益なコツ・ノウハウ**」です。たとえば、

「人を説得するときの話し方は、7割は強く、しかし3割や弱く、優しく、小声でささやくくらいがいいそうですよ」

「どんなに怒っても、机をドンドン叩いたりして、音を出さないこと。大きな音は相手に不快感を与えるんだとか」

「ヘミングウェイは立って原稿を書いたそうです。私たちも効率が落ちてきたら立ってみるといいかも」

「マザー・テレサにだって嫌いな人はいました。その人に向かって彼女は、５回微笑《ほほえ》むようにしたそうです」

などなど、こうしたコツやノウハウを１００、２００と集めて、いつでも話せるように準備しておく。ＴＰＯに合わせて、部下が今必要としている有益な情報をすぐに出せるようにしましょう。

話というものは、相手に対する「ギフト（贈り物）」です。**相手が「得した！」と思える内容を入れること。**それが部下を動かすきっかけになります。

STEP 3

情景が浮かぶ言葉をマスターしよう

【好かれる話をするコツ】

熊野さん、「ウンチク話が、『俺は物知りなんだ！』という自慢に聞こえないか」という質問。確かにそうですね。これに関しては、話し方にコツがあるんです。

「このノウハウを今日は教えてやる」というスタンスではなく、自分も部下と同じ立場に立って、

「私も知らなかったんだけどさぁ。こんなノウハウがあるんだって。これって使えそうだよね」

と**少しだけ先に見聞きしたように語る。**「自分もつい最近までこれについて知らなかった人」というスタンスから語るようにしてくださいね。

今回は、**「人を惹きつける話し方」**についてですね。２つ紹介します。

怪談に学ぶべきこと

ひとつは「怪談」です。江戸を舞台にした「番町皿屋敷」のひとつを紹介しますね。

「江戸のとあるお屋敷に、おきくという美しい腰元がいました。ここの主人も奥方もケチで冷血。しかも奥方は、ご主人が若いおきくに気があるのを知っていました。そんなおきくが、家宝のお皿を割ったのだから、さぁ、大変。奥方は、おきくの髪を引きずりまわし、邪《よこしま》な気持ちのあった主人は、それを悟られまいとおきくの中指をざっくり切り落としてしまいます。あぁ、哀れおきくは古い井戸に身を投じる。それからは夜な夜な『一まぁ〜い、二まぁ〜い、三まぁ〜い、……九まぁ〜い、ああうらめしや』と身の毛もよだつ恐ろしい声が井戸の底から聞こえてきたのでした」

怪談の一番の特徴は、まるでそれを見てきたかのような口調で、景色や表情を語りながら、恐ろしさのピークにもっていく。人を釘付けにする巧みな構成力と表現力があります。一度聞き出すと「次はどうなるの？」ともっと聞きたくなります。

もうひとつは「落語」です。人の気を引く「まくら」から話をはじめ、ふっと「噺《はなし》」に入って、ポンと膝を打ちたくなる「さげ」で終わる。この**「まくら→噺（本題）→さげ（落とし所）」**という話し方こそ、日本人なら誰でも共感をもって迎え入れられるものではないでしょうか。

夏目漱石は落語が大好きで、その話法を巧みに小説の中に取り入れています。

「情景と会話」を入れる

ここでは「怪談」の流れを日頃の会話に応用した例を書きます。肝《きも》になるのは**「情景描写」と「会話」**です。

たとえば部下に、競合プレゼンに勝利したことを報告するとします。

「今朝、山崎電気に行ってきました。担当の小野田さんが玄関まで出てきてくれてね。にこにこしながら『これから、お世話になります！』と握手をしてくれたんだ。『正直、おたく以外の会社を推薦する声もありました。でも、最後はね、おたくの営業とやりたいという声が多かったんですよ』と、正式な結果を聞く前に、玄関先で小野田さんに言われました。いち早く伝えたいという気持ちが、心に滲《し》みたよ。おめでとう。うちの勝利です。みんな、ありがとう」

玄関先という場面、小野田さんの言葉などを入れながら、プレゼンの勝利を伝える。ただ「勝ちました。みなさん、ありがとう」と言うのとはかなり違って聞こえるはずです。

ただ決まった情報だけを淡々と伝えるだけなら、メールで十分でしょう。しかし、人を束ねる立場の人間が、事実を伝えつつ、部下のモチベーションを上げるには、**「次を聞きたい」「その場にいるような体験をしたい」という語り方**を「怪談」などから学ぶことをお勧めします。

一見クールに見える部下たちも、話し方次第で必ず気持ちを露《あら》わにしてくれますよ。

LESSON

17

切れかけた自己肯定スイッチを入れる励まし方

相談者——水波かおる（35歳）

水波さんは、私立中学校の教諭。2年生を担当しています。優秀な学校なので、生徒はみんな自信に満ちているのだろうと思ったら、「その逆です。周囲が優秀なぶん、『自分はなんてダメなんだろう』と悩む、自己肯定感の低い子が多いんです。おとなしくていい子なんですが、ささいなことで落ち込む子も多い。どのように励ませばいいのか……」。

「少しでも信頼される先生になりたい」と考えている水波さんは、子どもたちを励ますための教育セミナーにもよく参加しています。しかし、生徒からは「自分を先生の実験台にしないでくれ！」という顔で睨《にら》まれる。

「中2病」という言葉があるほど難しい世代。いや、この年齢に限らず、今は日本人全体の自己肯定感が低くなっている。「私なんかどうせ……」と諦めている人に、どんな言葉をかければよいのか。長い間、多くの学生や社会人を励ましてきた宗像さんに、極意を聞いてみました。

STEP 1

自己有用感をあげる声がけに変えよう

【自己肯定感が高まる方法】

かおるさん、先生らしい伸びやかな文字の手紙、ありがとうございました。紅葉をあしらった季節の便箋も素敵でした。

さて、今回は「**自己肯定感を高める言葉**」についてお話ししましょう。

「自己肯定感」、調べてみたらこの言葉が世の中に出てきたのは、１９９０年代の中頃でした。バブル経済の崩壊後、「リストラ」という言葉が流行し、大地震や殺伐《さつばつ》とした事件が続いた頃に「自分が自分であっても大丈夫なんだよ」と自分の存在を積極的に評価するものとして登場しました。

ところがこの言葉、**「自己肯定感が『低い』」というマイナスの言葉とセットで語られます。**「私は他の人に比べてダメな人間だ」「生きている価値が見いだせない」と考えてしまう。この言葉を、便利に使い、安易に流行させた結果、日本人の多くが自分の存在を肯定できなくなってしまいました。「平成」の30年で、日本人の多くが「私は自己肯定感が低い」と考えるようになってしまったのです。

「助かった」は、後から効いてくる

そんな「自己肯定感の低い」状態の人にかける言葉はあるのだろうか。今回、かおるさんに伝えたい言葉は、これです。

「助かった」

こんな話を聞きました。繊細《せんさい》で、自信がなく、自己肯定感の低い小学生の男の子。お母さんは大変心配していました。

ある日、彼女が柿の皮を剥《む》いているところを男の子がじっと見ていました。何の気なしに、剥き方を教えてあげたそうです。

「やらないかな、と思ったら、どういう風の吹き回しか、自分で剥きはじめました。

それがびっくりするくらい器用だったんです」

お母さんは思わず、「うまいじゃない！　助かったわ！」と言ったそうです。結果、どうなったか。男の子は、次の日に自分から柿の皮を剥いたそうです。さらにはアボカドの剥き方も覚えたとか。

この話で大切なのは、お母さんが、「うまいじゃない！」だけでなく、「助かったわ！」と言ったこと。**「うまいじゃない！」は、人を評価する言葉です。**「ママはあなたの柿の皮の剥き方がうまいと認めた」が言葉の本意です。褒めたことになりません。よかったのは「助かったわ！」と言ったこと。この一言で、「あぁ、僕も人の役に立つことができるんだ」という**人の評価で自分の価値を決める「自己有用感」を満たすことができる**のです。

あなたのおかげでどれほど助かったか

これは私見です。「自己肯定感」を向上させる言葉など、そもそもないと思います。

「あなたなら大丈夫」と励ませば励ますほど、「何も知らないくせに適当なこと言うなよ」と殻に閉じこもってしまう。そこに魔法の言葉はありません。

かおるさんが先生としてできるのは、生徒が誰かのために役立つ行動をしたときに、

「**○○くんが、○○してくれたおかげで、みんなが○○しやすくなった、しなくてすむようになった**」

と、**誰のためにどんなふうに役立ったかを克明《こくめい》に言葉にすること。**そして最後に「助かったわ、ありがとう」と謝辞を述べる。これが気持ちを動かし、自己肯定感を高める言い方だと思うのです。

難しい年代の子どもたちを抱えて大変だと思うけれど、「みんな、誰かの役に立つことができるんだ」と教えてあげてくださいね。

STEP 2

言われたくない言葉をなくしていこう

【NGな励ましの言葉】

かおるさん、お手紙ありがとう。素敵なインクの色ですね。苔《こけ》のような深くて濃淡のある緑。心情が色で表現されています。

「助かった！　ありがとう！」を多用されているとのこと。さすがです。

さて、今回は「**言ってはいけない励ましの言葉**」という質問。これも難しい。言葉は、状況によって意味を変えていくからね。それでも経験上、こういう励ましの言葉は人を傷つけるというものがあるので、今回はそれを書きます。

ワースト2はこれだ！

私は、腎臓がんを患《わずら》いました。そのとき、驚くほど多くの人から「腎臓は、2つあるからよかったじゃない」と言われました。

言った人は、励ますつもりだったのでしょう。しかし、健康な人から「腎臓はひとつ残っていれば十分」と言われたような嫌な気分になりました。「**～で、よかった**」という励まし方。**人と寄り添う気持ちのない言葉です。**

「がんばって」も、つらかった。がんばる余地があるならまだしも、大抵の場合は、十分にがんばり、もう自分ではどうしようもない状況に陥っている。

「がんばれ」が多くの人を傷つけると、最近は言われるようになりました。それでもつらいときに、軽い挨拶のように「がんばって♡」と言われる。デリカシーがないですね。

「なにか、困ってることない？」

では、反対にどんな励ましが嬉しかったか。

お見舞いに同期の男が来てくれました。挨拶もなく、ニコニコしながらいきなり、「何か困ってないか？」と言ったのです。私はちょうど、ペットボトルの水がなくなって困っていました。それを告げると、「そうか」と言って病室を出て行きました。しばらくすると、コンビニの袋をぶらさげて「あいよ！」と笑顔で差し出してくれました。滞在時間は短く、何を話したのかひとつも覚えていませんが、「いい奴だなぁ」という気持ちがずっと残りました。

「何か困ったことはないか」→行動する。

この一連の動作の中に、「俺はお前の味方だ」「早く良くなれ、待ってるぞ」という言葉が全部含まれているように感じられます。これこそ、人を「励ます」ということではないでしょうか。

以上、私の経験をもとに「励ます言葉」を考えてみました。しかし、「励まし」を言葉で担えるのは全体の10％くらいのものだと思っています。**残りの90％は、悩んでいる人に代わって行動すること。**いっしょに話し、ご飯を食べ、いっしょにいてあげることが「励まし」なのです。

作家ヘミングウェイは、「とにかく新しい毎日なんだ」と言いました。どんなに暗い夜でも、日はまた昇ります。その暗闇の時間につきあってあげること。言葉だけで解決できることではありません。

大変なことだろうけれど、先生は、この暗闇をいっしょにいるプロだと思っています。かおるさん、いい先生になってくださいね。

STEP 3

「友だちだよ」と呼びかけよう

【いかに寄り添うか】

かおるさん、「『〜で、よかった』という励ましを意識せずにやっていた」とのこと。仕方がないですよ。私も病気になってはじめて気づいたことです。何ごとも体験してみないとわからないものです。

さて、今日は「**励ますときに気をつけること**」という質問ですね。今回も私の経験を踏まえてお話ししますね。

友だちじゃない。誰に遠慮がいるもんですか

あることで失敗して、私は精神的にかなりまいった時期がありました。体の半分から汗が出なくなり、胃の中に何も入ってないのに吐き気がとまらない。恐怖と不安が

メンタルに巣食いはじめていました。

そんなときメッセージがきました。「会おう」というのです。とある大学の学部長を務める人。不義理にはできませんが、正直、気が重かった。それでもこのままひとりでいたのでは、自分が自分に何をするかわからない。それを回避するために外出することにしました。

先生は、開口一番、こう言いました。

「なんでも話して。友だちじゃない。誰に遠慮がいるもんですか」

「友だち」……この言葉が、とてもすごく新鮮に響いたのです。私は、この人を偉い先生としか見てなかった。だから遠慮もあったし、言えないこともあった。弱音を吐くにも全部は吐けなかった。

しかし、先生はこう言います。

「友だちと話す。信頼できる友だちと話す。話すって、とっても力がいるものなの

よ。大変なことなの。でも、そのパワーで、海底に沈んだ体を浮上させることができる。水面には必ず違った景色が広がっている」

私は、これを聞いて語りはじめました。心の中に溜まっていたコールタールのように黒くて重くて膿《うみ》を含んだ言葉、ただれた思い、血を吹き出している感情。そういうものを一気に吐き出したのです。苦しい作業でした。しかし、言葉を吐くと確かに体が軽くなり、水面に向かって体が上昇していくような心地よさを感じられるようになったのです。

励ます相手は、友だち

かおるさん、わかるかな。今回伝えたい言葉は「**友だち**」です。

人が人を励ますとき、一番先にやらなければいけないのは、肩書、上司、先生、生徒、親、なかよし、くされ縁、男、女、年齢、つきあいの長さ等々を全部とっぱらって、「信頼できる友だち」という存在になること。

ポジショントーク、自分の思い、自分の心情、現状を全部捨て、言葉の力で、暗い海底から浮き上がる存在になること。

このことがあって以来、私は得意先も上司も男も女も老人も子どもも関係ない、すべて「友だち」という立場で接したいと考えるようになりました。

かおるさんは、生徒にとっては「先生」です。でも、その立場だと生徒は話せないこともたくさんあります。ぜひ、「友だちだよ」と呼びかけてください。

生徒にとっての「信頼できる友だち」になってあげてくださいね。

LESSON

18

頼れるリーダーになるたった3つのコツ

相談者――――牟礼桃子（20歳）

牟礼さんは、都内の女子大生です。ゼミのリーダー、広報委員のサブリーダー、そして秋に開催される文化祭の実行委員長として大忙しです。

意見をはっきり言うタイプなのでリーダーに祭り上げられがち。でも、牟礼さん自身は「会議を進める力がない。意見をまとめられないし、結論を出すと必ずあとで不平を言われます。みんなが黙ってる会議も多いし悩んでいます」と言います。

学生時代にせっかく要職に就かせてもらっているのだから、会議を進める力のあるリーダーになりたい。建設的な議論の場を作ったり、モチベーションの低い人の気持ちを引きあげたりもしたい。

でも大学生の経験なんて大したことないし、ビジネスのことはまだわからない。就活も近くなってきたし、宗像さんに会議でリーダーシップを発揮するコツを聞いてみました。

STEP 1

メンバーにしゃべってもらおう

【異なる意見のまとめ方】

桃子ちゃん、お久しぶりです。先日は「広報委員」のセミナーにお招きいただきありがとうございました。「会議を前に進める力がない」と悩んでいるようには見えませんでした。完璧な仕切りでした。

さて、質問に答えましょう。**「割れた意見をまとめる方法」**ですね。

人は、自分の声で、たしなめられる

今、社会全体に「二項対立」が蔓延《まんえん》しています。矛盾や対立を煽《あお》り、わざと敵をつくる。その敵を叩くことで味方を増やし、勝者がやりたいことをやる。でも、このやり方、すぐに行き詰まります。どんなにがんばっても、半数の不満をもった人がいる

のですから。

桃子ちゃんの所属する委員会も今、この二項対立の状況にあるわけですね。抜け出すために、委員長の桃子ちゃんは会議をどう進めるべきか。

結論を言いましょう。「**トップは、話さない**」ということです。逆に言えば、メンバーにとことん話させることです。


あるとき、仲良くしてくれている建設会社の社長さんがこんな話をしてくれました。

「真言宗の中村公隆《こうりゅう》・大阿闍梨《だいあじゃり》の本に、人は誰でも『仏性《ぶっしょう》』という仏の本質をもっている。悩んだり、理解できないことが続くとそれが見えなくなる。しかし、誰かが話を聞いてくれて、その人が語り、語る自分の声を聞いていると、再びその声が自分の中に戻っていく。それを延々と繰り返すうちに、『仏性』がめざめて自分で解決策がみつかる」


つまり、**しゃべるだけしゃべっていると人は自分の声を聞いて、**「**矛盾があるなぁ**」

「欠点があるなぁ」と内心で思うようになる。聞き続けると、自分で答えを見いだせるようになるというのです。

桃子ちゃんも、まずはこれを応用してみましょう。とにかくメンバーにしゃべらせる。中途半端なところで、片方に加担するような意見は言わない。調整するようなこともしない。どちらにもなびかない。その強さをもって、双方の意見を傾聴してください。

お互いが「私の意見、けっこう独りよがりかも」と思うまでしゃべってもらいましょう。

「あなたが言いたかったことは○○ですね」

しかし、ここで終わりではありません。リーダーであるための言葉、これが桃子ちゃんへのアドバイスです。

「今、あなたが言いたかったことはこういうことですね」

と**相手の言い分を短いフレーズにまとめて、少し大きな声で言う。**自分がしゃべったことを、人にきれいに整理して声に出されると、人は「そのとおり」と言うほかなくなります。これがリーダーの威厳です。

「とことんしゃべらせる能力」と「その話を短いフレーズにまとめる能力」が、リーダーの条件です。つねに中立の立場に立ったキレッキレのファシリテーターといったイメージです。

リーダーはズバッと自論を発言する人ではありません。いずれの主張にも与《くみ》せず、メンバー自身に矛盾や偏見に気づかせる人を言うのです。

STEP 2

みんなにとって「ちょうどいい」を探そう

【反対する人への対応法】

桃子ちゃん、「私は、どう収拾しようか、どうやって説得しようかと、自分がしゃべることばかり考えていました」という返事。それも大切なことです。でも、リーダーとは会議を思いきり広げる力と畳《たた》む力を兼ね備えた人間だと心得てください。

さて、今回は、**「反対者への対応の仕方」**という質問ですね。難しい問題です。「正解」があるものは簡単にＡＩで解決できる。私たち人間に課せられた課題は肯定も否定もできない問題だらけです。桃子ちゃんも感じるでしょう。政治も経済も教育もライフスタイルも、「これだ！」という正解のないものばかりです。

私たちが認識しなければいけないのは、**今の世の中は「意見の合わない人と暮らす」ことを余儀なくされている**ということです。だから今は、ひとつの「正解」ではなく、一人でも多くの人に納得してもらう「納得解」を求めるようになっています。

桃子ちゃんも大学のアクティブラーニングなどを通じて、これを学んでいるよね。
そのために、リーダーはどんな態度で臨むべきか。

正も反も切り捨てずに、解決法を見つける

儒教やアリストテレスの言葉に「**中庸**《ちゅうよう》」があります。難しく考える必要はない。「みんなにとって、『ちょうどいい』のは何か」を考える。その時々で最適な答えを見いだしていくことです。

「みんなにとって『ちょうどいい』」を導き出すためには、**肯定意見と反対意見のどちらが勝った、負けたという世界から抜け出さなくてはならない。**多数決で決めるのではなく、みんなにとっての「ちょうどいい」を全員で探す必要があります。

そこで私が進めるのは、哲学者ヘーゲルが提唱した「**弁証法**」です。これも難しく考えなくていいよ。ひとつの問題の肯定意見と反対意見を全部出し尽くす。そのどちらが正しいかを多数決で決めるのではなく、**肯定者、反対者が互いの立場を離れて**

「じゃ、全員にとって最適な方法はなんだ？」と考える。考えるステージをひとつ上にあげる感じだね。

私はこれを小学校3年生のときに習いました。

ほんの小雨で遠足が中止になったとき、クラスの意見が「行くべきだった」「やめてよかった」に割れたんだ。そのとき先生が、「行くべき」と考えた人の意見、「やめてよかった」と考えた人の意見を出すように言いました。

いろいろ出ました。「小雨で行ったらお弁当のときに雨でお尻が濡《ぬ》れる」とか「来週も晴れるとは限らない」とかね。意見が出そろったところで先生は「このクラスにとってどうすればよかったか」の意見を出せと言いました。考えるステージをあげたんだね。結果、「今日の給食を遠足気分で自由な席に座って食べる」というアイデアが出ました。私はこの議論がとても面白かった。私の礎《いしずえ》になっている考え方です。

「意見の合わない人たちと暮らす世の中」にあっては多数決で正解を求めず「弁証法」などを用いて、みんなにとっての「ちょうどいい」を探す。桃子ちゃんにぜひ身につけてほしい考え方です。

STEP 3

「決めるリーダー」になろう

【結論を出すための心得】

桃子ちゃん、メールをありがとう。「みんなにとって『ちょうどいい』を探すことの大切さはわかりました。それでも会議においては結論を出さなくてはいけません。意見を集約して結論にもっていくための方法を教えてください」。そうだね。「正解」はなくても「これがみんなにとって『ちょうどいい』こと」という結論を出さなくてはいけない。

今回は、「**リーダーの結論の出し方**」を語りましょう。

言葉の軽い人は、結論を出せない

「言葉の軽い人」っているよね。なんで「軽い」と感じるか。理由は2つあります。

ひとつは「責任感がないこと」。自分は責任をとる立場にないから好き勝手言える。当然、言葉は軽くなります。

もうひとつは「知識と経験がないこと」。知識と経験がなければ、あとは好き嫌い、場の空気、そのときの気分くらいで語るしかありません。

結論は責任を伴うものです。だから「軽い言葉」を排除しなくてはいけません。つまり、

①その結論の責任を背負うこと。

②その結論に至る知識や経験の裏づけがあること。

「結論」と呼ばれるものは、この2つの要素をもっていなければいけません。

責任の所在がはっきりしない結論、そこに至るまでの知識や経験の裏づけのない結論なんていうものは、ただの「報告」でしかない。

桃子ちゃんが会議のリーダーとして結論を出そうとするなら、以上の2つが明確になっていることを確かめるようにしてください。

リーダーのあるべき姿

結論を出す人は、ストレスフルです。時に人から反感を買ったり、嫌われたりもします。そこで結論を出すリーダーの心得を書いておきましょう。

ひとつは「**胆識《たんしき》**」という言葉。「胆力」と「知識」を合わせた造語です。「胆力」とは「ものごとを恐れたり、気後れしない気力」のこと。リーダーは「知識」があるだけではダメで、「胆力」を兼ね備えてなければいけない。「言葉に責任をもつ」「知識や経験を兼ね備える」ためには「胆識」が必要なんですね。

もうひとつは「**剣幕《けんまく》力**」という造語です。ふだんはニコニコしていていい。しかし、ここは一大事というときは、すごい剣幕でまくしたてろ。その力をつねにもっていろ。つまり「なめんなよ！」と相手に向かう気持ちを忘れるなということです。

桃子ちゃんが暮らすこれからの社会は、これまでの常識がまったく通用しなくなるでしょう。「民主主義」のようなものでさえ、今のかたちで残るとは思えません。何か問題にぶつかったら「正解」を探すのではなく、今時点での最適解を探してください。

「意見の合わない人と暮らす世の中」であることを忘れず、「胆識」と「剣幕力」をもって結論を導ける人になってください。ずっと見守っています。

おわりに

２０２０年４月７日。新型コロナウイルス感染拡大を回避するため「緊急事態宣言」が発せられました。同月末に長く勤めた博報堂を退職した私はかなり動揺しました。

通い慣れた職場を離れたとたん、年末まで入っていた講義や講演予定が、キャンセルになりました。ストレスから帯状《たいじょう》疱疹《ほうしん》にかかる。その痛みに耐えながら「これから自分はどうなってしまうのだろう」とぼんやり考える日々が続きました。

本書はその時期から書きはじめました。コロナ禍の中でさまざまな正体が暴《あば》かれていく。「人の心を動かさない言葉」が社会を混乱させていく。同時に、言語の壁を乗りこえて、世界中に勇気や人を思う気持ちを取り戻させていったのも言葉でした。私はそれを横目に睨《にら》みながら、さまざまな人の悩みに答えていきました。

「このまま言葉が薄く、軽くなり、嘘も本当もないまぜになってしまうと人類は大変なことになる」。そんな危機感を強く抱きながら書き進めました。


執筆にあたっては、多くの方にお力添えをいただきました。

まずは幾度も打ち合わせを重ね、少しでもよい方向へと導く努力を惜しまなかった大和書房の三輪謙郎さん。ありがとうございました。

博報堂顧問の立谷光太郎さん。いっしょに訪れた松山、楽しかった。

そしてDr.コパこと小林祥晃さん。あなたが私に作家への道を開いてくれた。この本でもう15冊めになります。頭があがりません。

明治大学文学部の太田光咲さん。いつも若い世代の情報をありがとう。


コロナ禍は、とりわけ高齢者を直撃しました。89歳の私の母は施設から出ることが制限され、我慢の日々を送っています。それでも一言も文句を言わず、「ここに入れてもらっているから、私は幸せだ」と電話で語ってくれる。

いつなんどきも「人が動きたくなる言葉」を発してくれる母の力で、私は次のステージを歩み出しています。

何よりも、本書を最後まで読んでくれたあなたに感謝の言葉を申し上げます。
あなたとじかに会い、じかに話せる日がくることを祈って、ペンを置きます。
ありがとうございました。

ひきたよしあき

ひきたよしあき

博報堂フェロー、スピーチライター、コラムニスト
1984年早稲田大学法学部卒。博報堂に入社後、CMプランナー、クリエイティブディレクターとして数々のCMを手がける。政治、行政、大手企業のスピーチライターとしても活動し、“人の心を動かす”原稿が評判を呼び、多くのエグゼクティブから指名が殺到。また、明治大学をはじめ多くの大学の講義では「就職後まで役に立つ」「一生ものの考える力が身につく」と学生からも支持を集める。『朝日小学生新聞』ではコラム“大勢の中のあなたへ”を寄稿。日本語の素晴らしさ、コミュニケーションの重要性を様々な角度からアプローチし、広い世代に伝えている。全国各地のカルチャースクール、企業、自治体、学校で講演活動を行うほか、オンライン学習サイトSchooなどで「文章の書き方」講座を担当するなど、活躍の場を広げている。テレビ、ラジオ、雑誌などメディア出演多数。著書には『5日間で言葉が「思いつかない」「まとまらない」「伝わらない」がなくなる本』(大和出版)、『博報堂スピーチライターが教える短くても伝わる文章のコツ』(かんき出版)などがある。

人《ひと》が動《うご》きたくなる言《こと》葉《ば》を使《つか》っていますか

2021年3月 5 日　第1刷発行
2022年3月15日　第2刷発行

著　者　ひきたよしあき
発行者　佐藤 靖
発行所　大和《だいわ》書房
〒112-0014　東京都文京区関口1-33-4
電話　03(3203)4511
ブックデザイン　喜來詩織(エントツ)
イラスト　レモン・フー
本文印刷　厚徳社
カバー印刷　歩プロセス
製本所　ナショナル製本

ISBN 978-4-479-79738-8

http://www.daiwashobo.co.jp/